Insa Bauer

Mein Ravensburger Buch der

Pferde & Ponys

Insa Bauer

Mein Ravensburger Buch der

Pferde & Ponys

Ravensburger Buchverlag

Inhaltsverzeichnis

Pferde und Ponys – deine besten Freunde

Ich bin Freddy! Du findest mich überall im Buch!

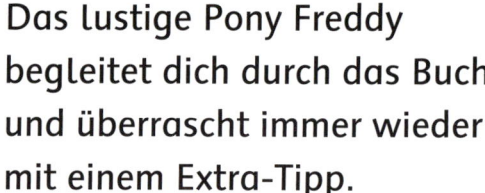

Du liebst Pferde und Ponys? Und möchtest alles über sie erfahren? Welche Rassen es gibt, wie sie leben und was sie brauchen, um sich wohlzufühlen? Dann ist das hier genau das richtige Buch! Hier gibt es interessante Informationen rund um Pferde und Ponys. Viele Fotos und Zeichnungen zeigen, was wichtig ist und worauf es beim Umgang mit Pferden ankommt.

Das lustige Pony Freddy begleitet dich durch das Buch und überrascht immer wieder mit einem Extra-Tipp.

Mit den Quizfragen der Rätselbox kannst du dein Pferdewissen testen.

Quizfrage

Wo misst man bei einem Pferd oder Pony die Größe?

a. an den Ohren
b. am Kopf
c. am Widerrist

(Lösung: c. am Widerrist)

Mit einer schönen Geschichte am Anfang jedes Kapitels kannst du dich auf das Folgende einstimmen.

Im Anhang ab Seite 87 findest du lustige Reiterspiele, ein spannendes Quiz und noch vieles mehr.

Und nun viel Spaß!

Pferde und Ponys

Ein Apfel für Chico

„Was für ein Pferd ist dein Chico?", will Maja wissen, als Sophie der neuen Klassenkameradin stolz von ihrem Pony erzählt.

„Chico ist ein Islandpony. Diese Rasse ist besonders kräftig und überhaupt nicht empfindlich", erklärt Sophie. „Und außer Schritt, Trab und Galopp laufen sie noch Pass und Tölt."

„Nimmst du mich mal mit zum Ponyhof?", fragt Maja. „Ich möchte Chico gern sehen." Sophie mag Maja. „Klar! Kennst du dich mit Pferden aus?"

Maja schüttelt den Kopf. „Nicht richtig. Ich war nur in den Ferien ein paar Tage auf einem Bauernhof mit Ponys. Das fand ich echt toll." „Wenn du möchtest, kannst du gleich heute mitkommen. Chico freut sich bestimmt."

„Da hinten ist er!" Sophie zeigt auf die Weide, auf der mehrere Ponys grasen. „Der Braune mit der blonden Mähne ist Chico."

Begeistert ruft Maja. „Ist der schön!"
„Er ist auch ganz freundlich und geduldig", sagt Sophie.
„Siehst du? Jetzt hat er mich erkannt."
Freudig wiehernd kommt das Pony auf sie zu. Die beiden Mädchen klettern über den Zaun.
Sophie legt zärtlich ihren Kopf an sein Fell und tätschelt den Hals des Ponys. „Hallo, Chico!"
Dann hält sie ihm die offene Hand unter die Nase. Sofort legt das Pony sein weiches Maul in ihre Handfläche und schnuppert daran.
„Ich hab dir Besuch mitgebracht. Das ist Maja."

Sophie reicht ihrer Freundin eine Tüte. „Willst du ihn füttern?"

Maja nickt und nimmt einen Apfel heraus. „Magst du den, Chico?"
Sie kichert, als das Pony ihr das Obst aus der flachen Hand frisst.
„Das kitzelt ein bisschen."
Chico gefällt es, von Maja gefüttert zu werden. Suchend schnuppert er an ihrer Hand.
„Äpfel schmecken dir wohl besser als Gras?", fragt Maja und streichelt liebevoll seine Stirn.
Als die Mädchen weggehen, um den Sattel zu holen, trabt Chico ihnen nach. Auffordernd stupst er Maja an.
„Ich glaube, er will noch einen Apfel", meint sie.
Sophie lacht. „Und ich glaube, du hast jetzt einen neuen Freund."

Vorfahren und Verwandte

Die ersten Pferde lebten vor vielen Millionen Jahren.
Sie waren höchstens so groß wie ein Hund,
fraßen Blätter und hatten noch keine Hufe,
sondern mehrere Zehen an jedem Fuß.
Im Laufe der Zeit änderte sich das Klima auf
der Erde – und mit ihm veränderten sich auch die
Pferde. Sie wurden größer, fraßen nun Gras und hatten
irgendwann nur noch eine Zehe pro Fuß.

Pliohippus war das erste
Pferd mit nur einer Zehe.

Urpferd Pliohippus
Vor etwa drei Millionen Jahren lebte das
Ur-Pferd Pliohippus. Es sah den heutigen
Pferden schon recht ähnlich. Die Ururenkel
von Pliohippus kannst du heute noch
in manchen Zoos sehen: die Wildpferde.

Die ersten Pferde
waren kaum größer
als ein Fuchs!

Typisch für das
Przewalski-Pferd ist
seine Stehmähne.

Verschiedene Wildpferde
Aus den Urpferden ent-
wickelten sich Wildpferde
wie zum Beispiel der Tarpan,
der inzwischen ausgestorben
ist. Nur das Przewalski-
Pferd hat bis heute überlebt.
Hast du es schon einmal im
Zoo gesehen?

* Mehr über Przewalski-Pferde steht auf **Seite 25**.

Verwandte der Pferde

Die Verwandten der Pferde erkennt man daran, dass sie an jedem Fuß einen Huf haben. Dazu gehören Esel und Zebras. Außerdem gibt es Halbesel, deren Eltern ein Pferd und ein Esel sind.

Die Streifen schützen das Zebra vor Insekten.

Esel und Zebras

Alle Esel sind gute Arbeits- und Tragtiere, vor allem auf schmalen, steilen Pfaden im Gebirge. Die gestreiften Verwandten der Pferde, die Zebras, leben in der Natur nur in Afrika.

Ein Esel kann bis zu 150 Kilogramm tragen.

Wie der kleinere Bruder des Pferdes: der Esel.

Quizfrage

Wer ist ein Verwandter der Pferde?

a. Nashorn
b. Kamel
c. Elefant

(Lösung a. Das Nashorn hat wie das Pferd nur einen Huf an jedem Fuß.)

11

Von Kopf bis Fuß

Wo habe ich meinen Widerrist?

Diese Zeichnung zeigt dir alle wichtigen Körperteile eines Pferdes. Einige kennst du bestimmt, aber weißt du zum Beispiel, wo die Kruppe ist? Präge dir die Namen gut ein.

Das Skelett eines Pferdes, also sein Knochengerüst, besteht aus rund 200 Knochen. Wir Menschen haben ähnlich viele Knochen. Der gesamte Körper des Pferdes ist für einen schnellen Start und das Zurücklegen weiter Strecken ausgebildet.

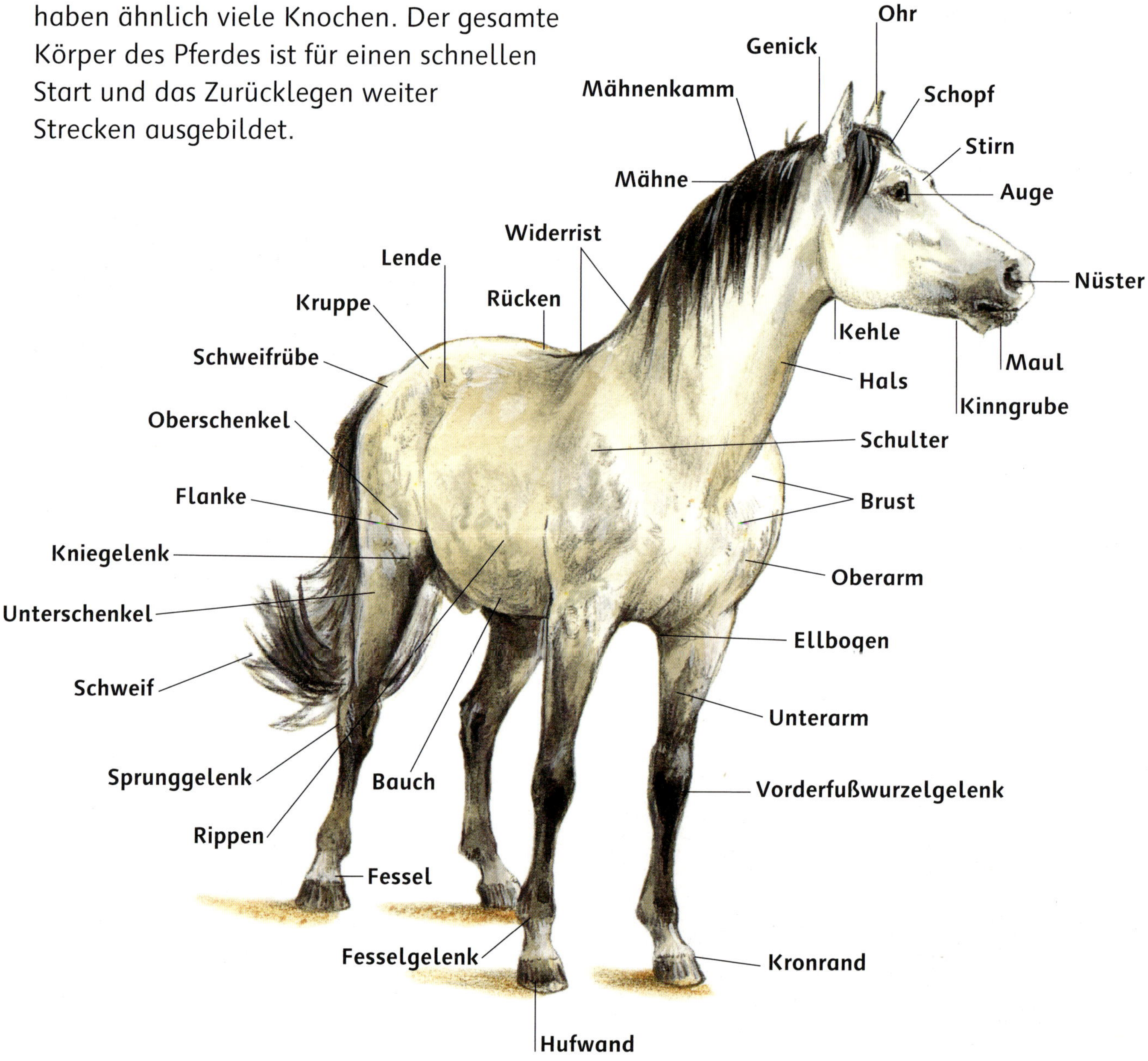

Ohr

Genick

Mähnenkamm

Schopf

Stirn

Mähne

Auge

Widerrist

Lende

Nüster

Rücken

Kruppe

Kehle

Schweifrübe

Maul

Hals

Kinngrube

Oberschenkel

Schulter

Flanke

Brust

Kniegelenk

Oberarm

Unterschenkel

Ellbogen

Schweif

Unterarm

Sprunggelenk

Vorderfußwurzelgelenk

Bauch

Rippen

Fessel

Fesselgelenk

Kronrand

Hufwand

Alle Pferde gehören zur gleichen Tierfamilie.

Der Körperbau

Alle Pferde und Ponys sind miteinander
verwandt und haben deshalb den gleichen
Körperbau. Das gilt für alle Pferderassen
auf der ganzen Welt.

Großpferde und Ponys

Je nach Rasse sind die Pferde aber kräftiger
und größer oder auch zierlicher und kleiner.
Deshalb teilt man sie in Großpferde und
Kleinpferde oder Ponys ein. Alle Ponys sind
zwischen 87 und 107 Zentimeter groß.

Verschiedene Rassen unterscheiden sich
in Körperbau und Charakter.

Das Stockmaß

Die Größe eines Pferdes be-
zeichnet man in der Fachsprache
als Stockmaß. Du kannst das
Stockmaß mit einem Stock am
Widerrist deines Pferdes messen.

Ponys sind für Kinder
ideale Reitpferde.

Das Fell und seine Farben

Das Fell des Pferdes wird Kurzhaar genannt. Zum Lang-
haar gehören Mähne, Schopf und Schweif. Du ziehst
bei Kälte eine warme Jacke an, damit du nicht frierst.
Das Pferd oder Pony schützt sich auf andere Art:
Ihm wächst im Winter ein dichtes, warmes
Fell, das es im Frühling wieder verliert.

Viele Fellfarben

Die Pferde haben die unterschiedlichsten Fellfarben: Die meisten Pferde sind braun, rot, schwarz oder weiß – oder ihr Fell zeigt eine Mischung aus mehreren Farben. Welche Farbe hat dein Lieblingspferd? Für manche Rassen ist eine besondere Farbe typisch. So sind Haflinger immer rotbraun bis golden.

Pferde lieben es, wenn ihr Fell gestriegelt und gebürstet wird.

Farben durch Züchtung

Für dich ist es ganz normal, dass ein Pony weiß und ein anderes braun ist. Doch das war nicht immer so: Bei den Ur-Pferden passte sich nämlich die Fellfarbe der Landschaft an, in der sie lebten. Deshalb sahen sie alle ziemlich gleich aus. Erst die Menschen züchteten Pferde mit verschiedenen Farben.

2b

2a

1. Islandpony (Falbe)
2a. Shetlandpony (Rappschecke)
2b. Shetlandpony (Tigerschecke)
3. Hannoveraner (Schimmel)
4. Welch-Cob-Pony (Brauner)
5. Arabisches Vollblut (Rappe)
6. Lusitano (Fuchs)
7. Shirehorse (schwarzbraun)

Verschiedene Abzeichen

Schnippe

Stern

Blesse

Laterne

Viele Pferde haben keine einheitliche Fellfarbe, sondern andersfarbige Stellen am Kopf und an den Beinen. Man sagt dazu Abzeichen. Weil es manche Abzeichen häufig gibt, hat man dafür eigene, oft lustig klingende Namen wie „Milchmaul" gefunden. Die Abzeichen eines Pferdes werden in die Papiere eingetragen. Friesen beispielsweise gelten nur dann als „reinrassig", wenn sie ein ganz schwarzes Fell haben.

Ich bin auch ohne Abzeichen toll!

Gute Erkennungszeichen

Jedes Pferd oder Pony ist einzigartig, keines sieht so aus wie ein anderes. Dafür sorgen unter anderem die Abzeichen im Fell. Diese andersfarbigen Stellen sind angeboren und verändern sich im Laufe eines Pferdelebens nicht. Sie sind also ein ähnlich gutes Erkennungszeichen wie beim Menschen der Fingerabdruck.

Abzeichen sind weiße Haarstellen im andersfarbigen Fell.

Die Namen der Abzeichen können dir dabei helfen, ein Pferd oder Pony besser zu beschreiben.

Mutter und Fohlen können verschiedene Abzeichen haben.

Die dunkle Linie am Rücken wird Aalstrich genannt.

An Kopf und Beinen

Die meisten Abzeichen sind weiß und sitzen am Kopf oder an den Beinen. Wo genau dort, ist aber unterschiedlich: an der Stirn oder am Maul, an den Fesseln oder am Vorderfuß. Manchmal hat ein Pferd oder Pony auch mehrere Abzeichen.

Aalstrich am Rücken

Eher selten ist der Aalstrich auf dem Rücken, den vor allem Falben haben. Dieses Abzeichen stammt noch von den Vorfahren der Pferde, den Wildpferden.

✳ Mehr über Wildpferde steht auf **Seite 10**.

Quizfrage

Was bedeutet das Abzeichen „Schnippe"?

a. weißer Fleck zwischen den Nüstern
b. weißer Streifen am Kopf
c. weißer Stern auf der Stirn

(Lösung: a. weißer Fleck zwischen den Nüstern)

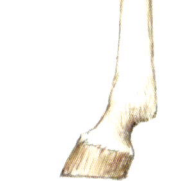

Abzeichen am Bein

weißer Ballen

weiße Fessel

halb weißer Fuß

unregelmäßig hoch gestiefelt

Pferderassen und Züchtung

Vor etwa 5000 Jahren begannen die Menschen, Pferde zu züchten. Sie legten also fest, welche Stute und welcher Hengst gemeinsam ein Fohlen zeugen sollten.
Heute gibt es weltweit über 200 Pferderassen. Sie haben sich im Laufe der Zeit durch natürliche Anpassung und Züchtung entwickelt.

Cowboys brauchten schnelle Pferde, um Rinder einzufangen.

Pferde als Arbeitstiere

Anfangs ging es den Menschen besonders darum, kräftige Arbeitspferde zu bekommen. Sie sollten ihnen vor allem bei der Arbeit auf den Feldern helfen. Auch für die Jagd wurden Pferde eingesetzt. Später wurden eher Reit- und Freizeitpferde gezüchtet.

Die richtige Wahl

Ein Pferdezüchter versucht, bestimmte Eigenschaften der Pferde zu verstärken. Will er zum Beispiel ein Rennpferd züchten, dann sucht er die schnellste Stute und den schnellsten Hengst aus. Ihr Fohlen wird bestimmt ein ziemlich guter Läufer sein!

Die Pferde der Indianer hatten oft getüpfeltes Fell.

Pferdezucht erfordert viel Erfahrung und Wissen.

Moderne Pferdezucht

Betriebe, in denen Pferde gezüchtet werden, nennt man Gestüte. Vielleicht kannst du ein Gestüt in deiner Nähe besuchen? Manche Pferderassen werden für bestimmte Zwecke gezüchtet, zum Beispiel als Reitpferde für Kinder oder als Rennpferde.

Die älteste Pferderasse sind die Araber – sie werden seit über 1000 Jahren gezüchtet.

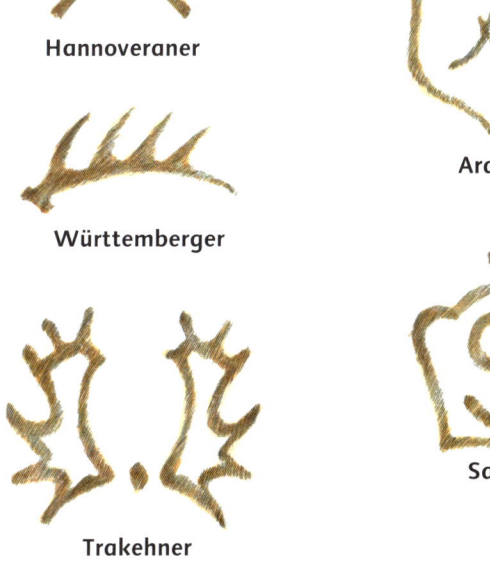

Hannoveraner

Württemberger

Araber

Trakehner

Sachse

Brandzeichen

Zuchtpferde erkennt man an dem Brandzeichen auf ihrem Körper.

Voll-, Warm- und Kaltblüter

Um einen besseren Überblick über die mehr als 200 Pferderassen zu haben, teilt man sie in Gruppen ein. Je nach Körperbau und Temperament unterscheidet man Voll-, Warm- und Kaltblüter. Auch wenn sie unterschiedlich groß, schwer und temperamentvoll sind, sind sie alle miteinander verwandt.

Das Arabische Vollblut gilt als besonders edle Pferderasse.

Der Hannoveraner ist ein bekanntes Warmblut.

Warmblüter
Warmblüter sind zwischen 162 und 175 Zentimeter groß und leicht bis mittelschwer. Die meisten unserer Reitpferde sind Warmblüter, zum Beispiel Friesen oder Oldenburger.

Vollblüter
Vollblüter sind lebhafte und elegante Pferde. Sie sind 145 bis 170 Zentimeter groß. Weil Vollblüter besonders schnell laufen, sind sie ideal für Pferderennen. Bekannt sind das Arabische und das Englische Vollblut.

Lipizzaner sind Warmblüter und eignen sich gut zur Dressur.

Kaltblüter

Kaltblüter sind große, schwere Pferde, die viel Kraft haben. Deshalb sind sie gute Arbeitstiere, aber auch beliebte Freizeitpferde. Früher mussten die starken Pferde in der Land- und Forstwirtschaft oder der Industrie hart arbeiten. Bist du schon einmal mit einem Pferdeschlitten gefahren? Der wurde bestimmt von einem Kaltblut gezogen. Kaltblüter sind die Riesen unter den Pferden: Ihr Stockmaß liegt zwischen 155 und 195 Zentimetern.

Kaltblüter sind nach Elefanten die stärksten Arbeitstiere.

Kaltblüter haben übrigens kein kaltes Blut!

Die kräftigen Ardenner trugen früher die Ritter in die Schlacht.

Freundliche Pferde

Weil Kaltblüter ruhige und freundliche Pferde sind, werden sie als Reitpferde immer beliebter. Sie erschrecken sich zum Beispiel nicht so leicht wie die eher nervösen Araber. Bekannte Kaltblutrassen sind die Belgier oder Bretonen.

Ponys aus aller Welt

Deine erste Reitstunde erlebst du bestimmt auf einem netten Pony. Ponys und Kleinpferde nennt man alle Pferderassen, die höchstens 147,3 Zentimeter groß sind. Ponys oder Kleinpferde gibt es auf der ganzen Welt. Sie sind in der Haltung anspruchslos und genügsam. Überall schätzen die Menschen diese munteren Pferde.

Haflinger werden bei richtiger Haltung bis zu 40 Jahre alt.

Quizfrage

Wie groß darf ein Pony oder Kleinpferd höchstens sein?

a. bis 99 Zentimeter
b. bis 135 Zentimeter
c. bis 147,3 Zentimeter

(Lösung: c. bis 147,3 Zentimeter)

Kleinpferde

Das beliebteste Kleinpferd in Deutschland ist der Haflinger. Dieses robuste Pony wird zwischen 135 und 147 Zentimeter groß und kommt ursprünglich aus dem Dorf Hafling in Südtirol. Haflinger sind freundlich, aber manchmal ziemlich dickköpfig. Deshalb brauchen sie einen Reiter, der weiß, was er will. Andere Kleinpferde sind das Camargue-Pferd und das Fjord-Pferd, das auch unter dem Namen Norweger-Pony bekannt ist.

* Mehr über Camargue-Pferde steht auf **Seite 24**.

Riese und Zwerg: Das Shirehorse ist das größte, das Falabella-Pony das kleinste Pferd der Welt.

„Echte" Ponys

Ponys sind noch etwas kleiner als ihre größeren Verwandten, die Kleinpferde. Zu den bekanntesten Ponyrassen gehört das kräftige Shetlandpony mit einem Stockmaß von 87 bis 107 Zentimetern. Es stammt von den Shetland-Inseln, die zwischen Schottland und Skandinavien in der Nordsee liegen. Ähnlich robust sind das englische Dartmoor-Pony und das irische Connemara-Pony.

Besondere Ponys

Ein außergewöhnliches Pony ist das Islandpony, denn es beherrscht eine Gangart mehr als andere Pferderassen: den Tölt. Auch das Falabella-Pony ist etwas Besonderes: Es ist mit rund 76 Zentimetern Widerristhöhe das kleinste Pony der Welt.

* Mehr über den Tölt steht auf **Seite 26**.

Shetland-Ponys haben kurze und kräftige Beine und einen kleinen Kopf.

Ponys sind bei Kindern besonders beliebte Reitpferde.

Wildpferde

Vor Millionen von Jahren lebten alle Pferde wild in der freien Natur. Jedes Pferd gehörte zu einer Herde, die von einem Leithengst angeführt wurde. Heute gibt es nur noch in wenigen Ländern frei lebende Wildpferde. Bekannt sind die weißen Camargue-Pferde, die seit vielen Jahrhunderten halbwild in Südfrankreich leben. Halbwild deshalb, weil manche auch zum Rinderhüten eingesetzt werden.

Die Camargue-Pferde werden auch Pferde des Meeres genannt!

Camargue-Pferde sind sehr genügsam: Ihnen reicht das Futter, das sie im Schilf finden.

Bei Wildpferden stammen alle Fohlen einer Herde vom gleichen Hengst ab.

Quizfrage

Wo wurden die Przewalski-Pferde ausgewildert?

a. in der Wüste Gobi
b. im Nadelwald
c. in der Tundra

(Lösung: a. in der Wüste Gobi)

Typisch für Przewalski-Pferde
ist der dunkle Strich am Rücken.

Przewalski-Pferde

„Echte" Wildpferde sind die Przewalski-Pferde, die man in vielen Zoos sehen kann. Vor einigen Jahren wurde eine kleine Herde nach China, in die Wüste Gobi, gebracht und ausgewildert. Dort können die Przewalski-Pferde wieder wie früher in der freien Natur leben. Sie sind etwa 132 Zentimeter groß und haben hellbraunes Fell. Beine, Mähne und Schweif sind schwarz.

Dülmener sind die einzigen noch in Deutschland lebenden Wildpferde.

Mustangs sind eher klein und stämmig.

Mustangs

Die halbwild lebenden Mustangs gibt es nur in Amerika. Sie stammen von den Pferden ab, die Christoph Columbus mit sich führte, als er im Jahr 1492 Amerika entdeckte. Mustangs wurden eingefangen, gezähmt und dann von Cowboys und den Indianern geritten.

Gangarten beim Pferd

Pferde sind ideale Reittiere, weil sie verschiedene Gangarten beherrschen.

Ein Pferd oder Pony beherrscht bereits als Fohlen drei Gangarten: Schritt, Trab und Galopp. Je nach Gangart bewegt es sich unterschiedlich schnell und auch die Fußfolge ist anders.

Manche Pferde verfügen über Spezialgänge wie den „Tölt" der Islandponys. Tölt ist ein Viertakt, bei dem das Pferd immer ein oder zwei Hufe auf dem Boden hat. Für den Reiter ist das schön bequem!

Schritt besteht aus einer Folge von einzelnen Schritten.

Schritt

Die meisten Pferde gehen am liebsten im Schritt, der langsamsten Gangart. Ist das bei deinem Pony auch so? Das Pferd bewegt sich im Viertakt und hat immer ein Bein am Boden. Der Abstand zwischen den Schritten ist sehr regelmäßig. Deshalb kannst du deutlich vier gleich lange Schläge hören.

Beim Galopp bewegt das
Pferd drei Beine gleichzeitig.

Galopp

Der Galopp ist die schnellste Gangart.
Das Pferd läuft im Dreitakt, du hörst also
drei Schläge. Drei Beine werden gleichzeitig
bewegt, danach schwebt das Pferd kurz in
der Luft. Je nachdem, welches Bein beginnt,
spricht man von Rechts- oder Linksgalopp.
Beim Galopprennen laufen alle Pferde in
dieser Gangart.

> Beim Galopp
> ist ein Pferd so schnell
> wie die erlaubte Höchst-
> geschwindigkeit eines Autos
> in der Stadt.

Beim Trab bewegt das Pferd
zwei Beine gleichzeitig.

Trab

Trab ist eine schnellere Gangart, bei der
das Pferd im Zweitakt läuft. Deshalb hörst
du zwei deutliche Schläge. Immer zwei
gegenüberliegende Beine bewegen sich
und werden dann aufgesetzt. Dazwischen
schwebt das Pferd kurze Zeit in der Luft. Es
gibt spezielle Trabrennen, bei denen die
Pferde nur in dieser Gangart laufen dürfen.

Gangarten und Bewegungen

Fußfolge beim Schritt
Rechter Hinterfuß, rechter Vorderfuß, linker Hinterfuß, rechter Vorderfuß

Fußfolge beim Trab
Rechter Vorderfuß und linker Hinterfuß, Schwebephase, linker Vorderfuß und rechter Hinterfuß

Fußfolge beim Galopp
Linker Hinterfuß, rechter Hinterfuß und linker Vorderfuß, rechter Vorderfuß, Schwebephase (Rechtsgalopp)

Wie leben Pferde und Ponys?

Was Chicos Ohren sagen

„Bleiben die Ponys immer auf der Weide?", fragt Maja. Sophie schüttelt den Kopf. „Abends werden sie in den Stall gebracht. Komm! Ich zeige dir die Boxen. Bist du eigentlich schon mal auf einem Pony geritten?"

„Ja, auf dem Bauernhof durfte ich manchmal reiten. Das hat mir so viel Spaß gemacht!", schwärmt Maja.

Auffordernd schaut Sophie ihre neue Freundin an. „Der Sattel ist schon drauf. Willst du es gleich versuchen?"

„Wenn Chico mich lässt." Maja sieht ihn fragend an. Das Pony streckt ihr den Kopf entgegen und schnaubt gemütlich.

Maja freut sich. „Ich glaube, er hat nichts dagegen." Geschickt schwingt sie sich auf seinen Rücken.

Sophie staunt. „Bravo! Das war echt super!"

„Warte ab, ob ich nicht auf der anderen Seite wieder runterfalle." Lachend drückt Maja ihre Beine an den Körper des Tieres.

Gemächlich setzt Chico sich dann in Bewegung.

Sophie reicht ihrer Freundin die Zügel. „Du musst ihm zeigen, welchen Weg du reiten möchtest", sagt sie. „Zieh den Zügel rechts etwas an, dann biegt er in den Feldweg ein. Die Straße mag er gar nicht." Sophie läuft neben den beiden her.

Schnell hat Maja begriffen, wie leicht das Pony sich reiten lässt. Ruhig und gleichmäßig geht es auf dem weichen Sand. Wenn sich der Weg gabelt, wartet es auf ihre Signale.

Doch plötzlich zuckt Chico zusammen und wirft erschrocken den Kopf zurück. Die Ohren sind dabei nach hinten gerichtet.

Maja will gerade fragen, was ihn beunruhigt, da hört sie es schon. Ein Traktor kommt ihnen auf dem schmalen Pfad entgegen.

„Jetzt musst du an den Wegrand reiten und die Zügel straff halten", empfiehlt Sophie. „Dort warten wir, bis das Knatterding weg ist und Chico sich wieder beruhigt hat."

Liebevoll klopft sie ihrem Pony den Hals. „Ja, so ist es brav."

Maja würde am liebsten absteigen. Aber das könnte Chico zusätzlich erschrecken. Deshalb bleibt sie einfach ganz still sitzen.

Der Treckerfahrer tuckert langsam an ihnen vorbei. Maja sieht, wie das Pony sich wieder entspannt. Seine Ohren sind jetzt aufmerksam nach vorn gerichtet.

Herde und Familie

Pferden und Ponys geht es am besten, wenn sie in Gesellschaft von Artgenossen sind. Allein fühlen sie sich nicht wohl, sind unglücklich und können sogar krank werden.
Wild lebende Pferde tun sich in einer Herde zusammen. Für das Leben in der Herde gibt es klare Regeln und eine Rangordnung: Der „Chef" ist der Leithengst. Er führt die Herde an.

In einer Herde erkennen sich alle Pferde am Geruch.

Leithengst und Leitstute
Der Leithengst entscheidet, welche Pferde zu seiner Herde gehören. Und er wählt eine Stute aus, um mit ihr Fohlen zu zeugen. Sie wird zur Leitstute, zum ranghöchsten weiblichen Tier. Alle Pferde einer Herde halten zusammen, zum Beispiel wenn Gefahr droht.

Wild lebende Pferde und Ponys leben in einer Herde.

Neugieriges Beschnuppern
Manchmal stößt ein neues Pferd zu einer Herde, meist ein junger Hengst oder eine Stute. Das fremde Pferd wird erst einmal beschnuppert. Das machen Pferde immer, wenn sie einander noch nicht kennen. Hast du das schon einmal gesehen?

Kämpfe um die Rangordnung
In einer Herde befolgen alle Pferde die Rangordnung. Es kann aber sein, dass ein junger Hengst neuer Leithengst werden will. Er schubst oder tritt den alten Leithengst und zeigt ihm, wie stark er ist. Es kommt zum Kampf. Der Gewinner ist neuer Leithengst.

Durch Beknabbern zeigen
sich Pferde ihre Zuneigung.

Die Pferdefamilie

Eine Herde besteht aus mehreren Pferde-
familien. In der Fachsprache sagt man
dazu Harem. Zu jedem Harem gehören
ein Hengst und ein oder zwei Stuten, ihre
Fohlen sowie die ein- bis zweijährigen
Jungpferde.

Stuten sind
über elf Monate
lang trächtig.

Manchmal kommt es zum Kampf zwischen
den Junghengsten einer Herde.

Trächtige Stuten

Besonderen Schutz in einem Harem genießen trächtige Stuten. So nennt man
Stuten, die ein Fohlen erwarten. Vor und
nach der Geburt lässt sie der Leithengst
kaum aus den Augen.

Ein Fohlen wird geboren

Nach etwa 336 Tagen ist es so weit: Die Stute bringt ihr Fohlen auf die Welt. Das Neugeborene ist nass und blutig. Deshalb leckt es die Mutter gründlich trocken. Dann sucht das Fohlen nach den Zitzen und trinkt die erste Milch – köstlich!

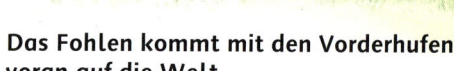

Das Fohlen kommt mit den Vorderhufen voran auf die Welt.

Die Mutter leckt das Fohlen ab und nimmt dabei seinen Geruch auf.

Die ersten Minuten

Aufstehen und auf den langen, dünnen Beinchen stehen bleiben ist für das Neugeborene ziemlich schwierig. Aber es versucht es immer wieder, und 15 bis 40 Minuten nach der Geburt steht es zum ersten Mal fest auf vier Beinen.

Ein Fohlen trinkt am Tag etwa 10 Liter Muttermilch!

Geduldig lässt die Stute ihr Fohlen trinken.

Das Fohlen ist ein paar Tage alt und bewegt sich schon recht sicher.

Das Fohlen wird größer

Das junge Fohlen ist neugierig, aber auch noch etwas ängstlich. Wenn es sich erschrickt, sucht es gleich Schutz bei der Mutter. In den ersten Wochen trinkt das Fohlen nur Muttermilch. Doch schon bald ahmt es die Mutter nach und beginnt, zusätzlich Gras zu fressen.

Nach wenigen Wochen frisst das Fohlen erste Gräser, Halme und Kräuter.

Spielen macht Spaß

Das Fohlen wächst schnell und wird kräftiger. Nach und nach gewöhnt es sich an die anderen Pferde der Herde. Es entfernt sich weiter von der Mutter und fängt an, mit anderen Fohlen und Jungpferden zu spielen.

Auch das Spielen will gelernt sein.
Die Sprünge sehen am Anfang oft lustig aus.

Kinderstube der Pferde

Am liebsten verbringen Fohlen ihre Zeit mit Spielen und Toben.

Mit etwa sechs Monaten ist das Fohlen schon ziemlich selbstständig. Die Mutterstute weiß das und verweigert ihm sicher bald ihre Milch. Das Fohlen ist gewachsen. Es wirkt nicht mehr so staksig, weil jetzt Beine und Rumpf ein harmonisches Verhältnis zueinander haben. Die anfangs weichen Hufe sind hart geworden.

Freunde finden
Das Spielen mit Gleichaltrigen wird für das Fohlen immer wichtiger. Es schließt erste Freundschaften mit anderen Fohlen und Jungpferden. Erst toben sie wild miteinander, dann beknabbern sie sich liebevoll.

Die meisten Fohlen sind zutraulich und haben keine Angst vor Menschen.

 Quizfrage

Wie nennt man ein Jahr alte Pferde?

a. Jahresfohlen
b. Jungpferd
c. Jährling

(Lösung: c. Jährling)

Kleine Feinschmecker
Fohlen werden im Frühjahr geboren und sind dann im Sommer auf der Weide. Dort können sie in aller Ruhe ausprobieren, welche Gräser und Kräuter ihnen besonders gut schmecken.

Ein Jährling hat an den Zitzen der Mutter nichts mehr zu suchen.

Junghengste spielen gern den starken Max!

Vom Fohlen zum Jährling

Nach dem ersten Geburtstag nennt man das junge Pferd nicht mehr Fohlen, sondern Jährling. Ein Jährling ist schon ziemlich groß und wächst im zweiten Lebensjahr nur noch langsam. Richtig ausgewachsen ist ein Pferd aber erst mit vier bis fünf Jahren.

Jungstuten und Junghengste

Jetzt entwickeln sich auch Unterschiede zwischen weiblichen und männlichen Jährlingen. Die Jungstuten schmusen und spielen gern miteinander, die Junghengste balgen lieber und trainieren ihre Kräfte.

Junghengste treten und beißen einander spielerisch.

Verhalten und Sprache

Sprache bei Pferden? Ja, auch Pferde und Ponys haben eine Sprache, die Körpersprache. Mit ihrem Körper teilen sie anderen Pferden und uns Menschen ihre Stimmungen mit.

Wenn du die Körpersprache und ihre Signale kennst, wirst du dein Pferd oder Pony noch besser verstehen und sein Freund werden. Achte besonders auf Kopf, Ohren und Schweif!

Ich bin aufmerksam.

Körpersprache

Wenn ein Pferd oder Pony entspannt ist, sind seine Augen ruhig und der Schweif zeigt nach unten. Ist das Pferd aufgeregt oder neugierig, dann hebt es Kopf und Schweif und richtet die Ohren nach vorn. Wenn sich das Pferd ärgert oder zornig ist, legt es die Ohren nach hinten und schlägt mit dem Schweif. Bei Angst klemmt es den Schweif zwischen die Hinterbeine.

Vorsicht! Komm mir nicht zu nahe! Ich könnte sonst richtig zornig werden!

Mir ist langweilig. Ich hätte gerne einen Spielkameraden.

Jetzt möchte ich gern etwas dösen. Ich bin müde.

Hier riecht etwas interessant! Das muss ich näher untersuchen!

Pferde sind von Natur aus schreckhafte Tiere,
bei Gefahr flüchten sie.

Jedes Pferd ist anders

Die Körpersprache ist bei allen Pferden und
Ponys gleich. Aber wie schnell ein Pferd
zornig oder ängstlich wird, ist unterschiedlich. Manche Pferde sind eher ruhig und
ausgeglichen, andere sind schreckhaft und
nervös. Denn wie bei uns Menschen hat
auch jedes Pferd seinen ganz persönlichen
Charakter.

Ponys hassen Geschrei und Lärm!

Ich bin etwas nervös und freue mich,
wenn du ruhig mit mir sprichst!

Richtiger Umgang

Beim Umgang mit deinem Pferd oder Pony
solltest du entspannt und gelassen sein.
Mach keine schnellen Bewegungen und
sprich mit ruhiger Stimme, aber deutlich.
Pferde brauchen klare Befehle, damit sie
wissen, was sie tun sollen.

Ponys lieben es, wenn man sie
streichelt und freundlich mit ihnen spricht.

Am liebsten auf der Weide

Dein Pferd oder Pony fühlt sich am wohlsten draußen auf der Weide. Dort kann es frei herumlaufen oder entspannt dösen. Es kann selbst entscheiden, wann es grasen oder trinken möchte. Vielleicht bleibt dein Pferd das ganze Jahr auf der Weide. Man nennt das Robusthaltung. Dann braucht es einen offenen Unterstand, um sich vor Unwetter oder greller Sonne zu schützen.

Das Leben auf der Weide ist für Pferde am gesündesten.

Viele Pferde lecken gern an einem solchen Salzstein.

Ideal ist eine automatische Tränke, die immer frisches Wasser bietet.

Die ideale Weide

Die Größe der Weide richtet sich danach, wie viele Pferde dort grasen. Einem Pony geht es gut, wenn es genug Platz hat und ausreichend Gras findet. Das Gras darf keine giftigen Pflanzen enthalten und nicht chemisch gedüngt sein. Der Zaun muss sicher sein, das Gatter leicht zu öffnen und zu schließen. Beides solltest du öfter auf Nägel oder Beschädigungen überprüfen.

? Quizfrage

Wie heißt es, wenn Pferde das ganze Jahr über auf der Weide sind?

a. Robusthaltung
b. Allwetterhaltung
c. Winterweide

(Lösung: a. Robusthaltung)

Das Pferd auf der Weide

Auch auf der Weide braucht ein Pferd oder
Pony tägliche Aufmerksamkeit. Es trinkt
den ganzen Tag über, mag aber nur frisches
Wasser. Deshalb muss das Wasser mehrmals täglich erneuert werden. Im Sommer
braucht ein Pferd nur dann zusätzliches
Futter, wenn es viel arbeitet. Im Winter
bekommt es Heu zu fressen. Wichtig ist auch,
dass die Pferdeäpfel regelmäßig entfernt
werden.

**Den Führstrick mit der rechten
Hand und etwa 15 Zentimeter
unter dem Kinn halten.**

**Heu ist die Winternahrung
für Pferde und Ponys auf der Weide.**

Gern in Gesellschaft

Ein Pferd oder Pony ist nicht gern allein.
Am wohlsten fühlt es sich auf einer Weide
mit anderen Pferden oder Ponys. Auch
zusammen mit Eseln oder Schafen fühlt
sich ein Pferd nicht einsam.

**Auf der Weide können Pferde nach Lust
und Laune grasen und sich entspannen.**

Von der Weide führen

Du möchtest dein Pony von der Weide
führen? Dafür brauchst du ein Halfter
mit Führstrick. Nähere dich deinem
Pony ruhig und sprich mit ihm. Du
kannst ihm auch ein Stück Apfel anbieten.
Dann legst du ihm das Halfter um und
schließt den Genickriemen. Mit
dem Führstrick in der rechten Hand
führst du dein Pony von der Weide.

Wohlfühlen im Stall

Wenn ein Pferd im Stall gehalten wird, braucht es viel Pflege und Zuwendung. Und den richtigen Stall: Ideal ist ein Laufstall, den es sich mit anderen Pferden teilt. Steht es allein in einer Box, dann sollte sie groß genug sein, dass es sich etwas bewegen kann.

Pferde sind neugierige Tiere und freuen sich über einen Stall mit Ausblick.

Stallpferde genießen es, wenn man sich liebevoll um sie kümmert.

Futter und Wasser

Die Futterkrippe ist fest eingebaut, in einer Höhe, die das Pferd gut erreicht. Sehr wichtig ist frisches Wasser mehrmals am Tag. Ein Pferd hält lieber Durst aus, als abgestandenes Wasser zu trinken! An einem Ring an der Stallmauer kann man das Pferd anbinden.

Ein guter Stall

Ein guter Ponystall ist aus bissfestem Holz und stabil gebaut. Das Dach ist regendicht. Durch ein Fenster und den oberen Teil der Stalltür bekommt das Pferd Licht und frische Luft. Außerdem kann es nach draußen schauen, wenn ihm langweilig ist. Der Stallboden ist dick mit Stroh bedeckt.

Stallboxen bieten Pferden wenig Möglichkeit, sich zu bewegen.

Tägliche Stallarbeiten

Wenn du dein Pferd selbst versorgst, kannst du viel dafür tun, damit es ihm im Stall gut geht. Vielleicht sorgen auch andere Reiter für dein Pferd, weil du nicht so viel Zeit hast. Denn alle Stallarbeiten müssen täglich erledigt werden. Als Erstes wird der Stall ausgemistet, das heißt schmutziges Stroh und Pferdeäpfel werden entfernt. Danach wird neu eingestreut.

Wasser unbedingt mehrmals täglich wechseln!

Mit dem Wasserschlauch spritzt du den Stall aus.

Nach dem Ausmisten kehrst du den Stallboden.

Auf die Mistgabel lädst du Stroh und Pferdeäpfel.

Die Schaufel nimmst du für größere Dunghaufen.

Auf der Schubkarre fährst du den Mist weg.

Geregelter Tagesablauf

Ein Pferd oder Pony mag es am liebsten, wenn die Stallarbeiten nach einem festen Plan erfolgen: immer in der gleichen Reihenfolge und wenn möglich zur gleichen Tageszeit. Pferde sind nämlich richtige Gewohnheitstiere!

Zu zweit oder zu mehreren macht die Stallarbeit gleich doppelt Spaß!

Was Pferde gern fressen

Auf der Weide kannst du beobachten, dass Pferde und Ponys den ganzen Tag über grasen. Warum machen sie das eigentlich? Pferde haben im Verhältnis zu ihrer Größe einen kleinen Magen und können nicht viel auf einmal fressen. Ideal sind daher viele kleine Portionen.

Pferde lieben Abwechslung beim Futter: Gras, Heu und Getreide, Obst und Gemüse.

Mehrmals füttern am Tag

Auch ein im Stall gehaltenes Pony freut sich über mehrere Futtergaben am Tag. Am besten sind fünf Mahlzeiten, aber mindestens zwei oder drei.

Frisches Wasser ist das Allerwichtigste für Pferde.

Abwechslung auf dem Speiseplan

Wichtig ist genug Heu, damit das Pferd immer etwas zum Knabbern hat. Und natürlich frisches Wasser in ausreichender Menge. Viele Pferde bekommen zusätzlich Kraftfutter (Pellets), Mischfutter (Maisflakes) und Saftfutter (Äpfel, Karotten). Ein Salzleckstein und ein Schuss Maiskeimöl ergänzen den Speiseplan.

Kleine Leckerbissen zwischendurch
sind eine gute Belohnung.

Quizfrage

Wie viel Liter Wasser trinkt
ein 350 Kilogramm schweres
Pony am Tag?

a. etwa 5 Liter
b. etwa 10 Liter
c. etwa 25 Liter

(Lösung: c. etwa 25 Liter, bei Hitze oder
Belastung noch mehr)

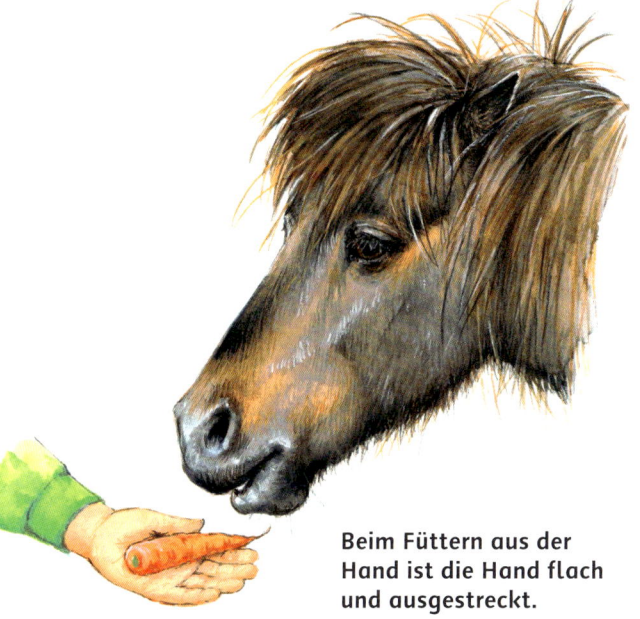

Beim Füttern aus der
Hand ist die Hand flach
und ausgestreckt.

Die richtige Menge

Wie viel Futter ein Pferd oder Pony am Tag
bekommen sollte, hängt von seinem Alter
und seiner Größe ab. Wenn ein Pferd viel
bewegt wird, braucht es mehr Futter als ein
Pferd, das selten geritten wird.

Pferde sind Genießer und haben gern Ruhe
und ausreichend Zeit zum Fressen.

Pferde und Ponys pflegen

Tägliche Pflege sorgt dafür, dass dein Pferd oder Pony
gesund und munter bleibt. Du kannst also euch beiden
etwas Gutes tun, wenn du es schön machst. Außerdem lernt
ihr euch dadurch gut kennen und werdet bald dicke Freunde!
Wenn dein Pferd die meiste Zeit auf der Weide ist, braucht
es weniger Pflege als ein Stallpferd. Denn es wälzt sich auf
dem Boden oder scheuert sich an Bäumen.

> Lobe dein Pony,
> wenn es beim Putzen
> gut mitgemacht
> hat!

Kardätsche für Staub im Fell

**Gummistriegel zum Ausbürsten
von losen Haaren**

**Feste Bürste
für groben Schmutz**

**Mähnenkamm für
eine gepflegte Mähne**

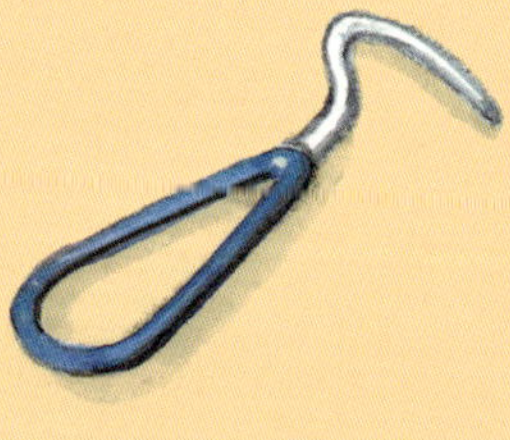

**Hufkratzer
zum Reinigen der Hufe**

**Huffett
zur Pflege der Hufe**

**Weiches Tuch zum
Abtrocknen und Polieren**

**Schwämme für Augen,
Nüstern und After**

Wann wird geputzt?

Stallpferde müssen vor und nach dem Reiten geputzt werden. Pferde, die überwiegend auf der Weide sind, bürstet man nur vor dem Reiten ab und reinigt die Hufe. Für die Pferdepflege braucht man Putzzeug, das einmal in der Woche gründlich gereinigt werden muss.

* Mehr über Hufe steht auf **Seite 50**.

Nach dem Putzen ist Streicheln und Schmusen angesagt.

Vorsichtig und zart striegeln ist für ein Pferd so ähnlich wie streicheln.

Die Reihenfolge

Zuerst wird das Pferd mit der groben Bürste gestriegelt, erst auf der linken Seite, dann auf der rechten. Mit dem Gummistriegel werden die Stellen am Körper bearbeitet, wo keine Knochen unter der Haut sind. Zuletzt werden Fell und Kopf vorsichtig mit der Kardätsche abgerieben. Augen und Nüstern wischt man mit einem feuchten Schwamm ab.

Richtig putzen

Am besten bindest du dein Pferd zum Putzen im Freien an. Die meisten Pferde werden gern geputzt. Das kannst du noch unterstützen, indem du freundlich mit ihm sprichst und es streichelst.

Für besondere Anlässe werden Mähne und Schweif geflochten.

Mähne, Schweif und Hufe

Für Mähne und Schweif nimmt man die Bürste oder den Mähnenkamm. Dann werden die Hufe ausgekratzt.

Der Tierarzt kommt

Zur täglichen Pferdepflege gehört auch die Kontrolle, ob ein Pferd gesund ist. Im Laufe der Zeit wirst du ein gutes Gefühl dafür entwickeln, wann ihm etwas fehlt. Manchmal kannst du oder ein Erwachsener ihm helfen, manchmal muss der Tierarzt kommen. Im Stall sollte eine Liste mit Telefonnummern für den Notfall hängen.

Quizfrage

Worauf deuten wunde Stellen am Rücken hin?

a. auf Befall mit Würmern
b. auf eine Magenkolik
c. auf einen schlecht sitzenden Sattel

(Lösung: c. auf einen schlecht sitzenden Sattel)

Wenn nicht klar ist, was dem Pferd fehlt: den Tierarzt rufen.

Ist ein Pferd sehr unruhig, kann das auf eine Krankheit hindeuten.

Tägliche Kontrolle

Mit ein paar Handgriffen kannst du jeden Tag überprüfen, ob es deinem Pferd gut geht und es gesund ist. Du streichst mit deiner Hand vorsichtig über seinen ganzen Körper bis zu den Beinen. Gibt es Wunden oder Schwellungen? Schau dir die Augen an: Sind sie klar und ohne Ausfluss? Frisst dein Pferd mit Appetit und ohne zu speicheln? Als Letztes prüfst du, ob die Sohle schmierig ist oder schlecht riecht.

Rufe den Tierarzt, wenn dein Pony schwitzt und sich auf dem Boden wälzt.

Kompresse

Mullbinde

Fieberthermometer

Klebeband

Verbandsschere

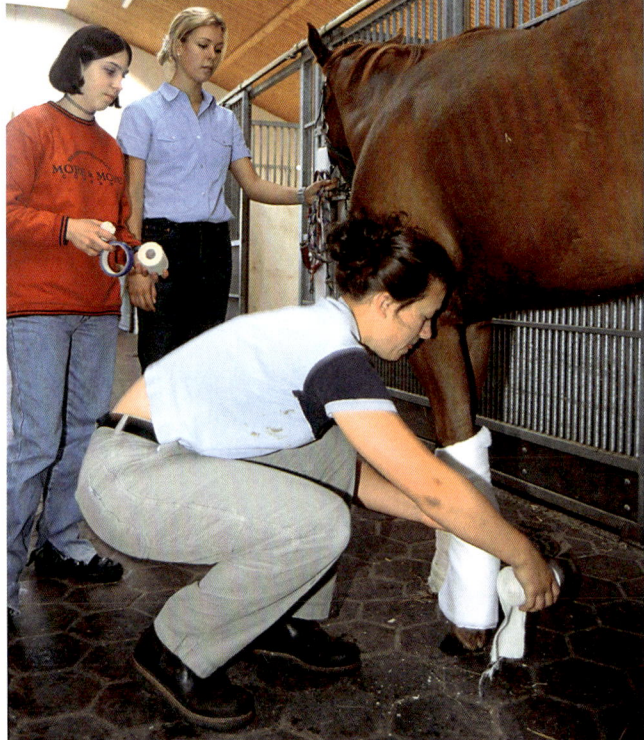

Kleinere Verletzungen werden gereinigt und anschließend verbunden.

Selbst behandeln

In jedem Stall sollte ein Erste-Hilfe-Kasten stehen, damit im Notfall alles sofort zur Hand ist. Leichtere Verletzungen wie Schürfwunden kann man selbst behandeln. Lass dir dabei von einem Erwachsenen helfen. Und vielleicht zeigt dir der Tierarzt bei seinem nächsten Besuch, wie du bei deinem Pferd den Puls messen kannst.

Das gehört in den Erste-Hilfe-Kasten:
- sterile Kompressen für Wunden
- Mullbinden
- Klebeband zum Fixieren der Verbände
- eine Verbandsschere
- ein Fieberthermometer

Vorbeugen

Manche Krankheiten kann man zum Glück auch verhindern. Wenn ein Pferd oder Pony regelmäßig entwurmt und geimpft wird, ist schon viel für seine Gesundheit getan. Auch die Zähne sollten regelmäßig kontrolliert werden.

Diese Tierärztin fühlt den Puls des Pferdes.

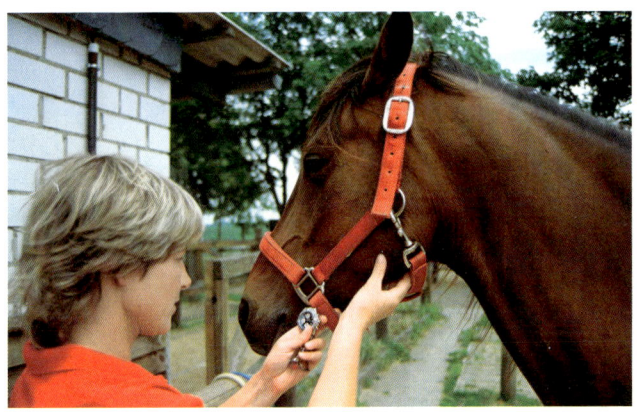

Hufe und Hufeisen

Warum trägt ein Pferd oder Pony eigentlich Hufeisen?
Es muss beim Reiten zusätzlich zu seinem eigenen
Gewicht auch noch das Gewicht des Reiters
tragen! Wie unsere Fingernägel wachsen auch
die Hufe und müssen regelmäßig geschnitten
werden. Außerdem werden sie vor und nach
jedem Ritt ausgekratzt.

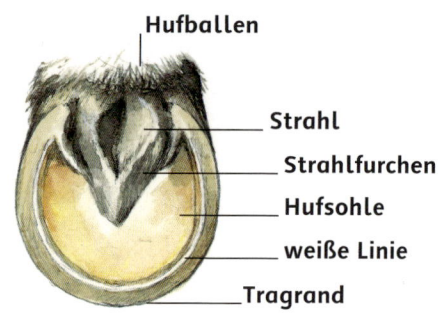

Hufballen
Strahl
Strahlfurchen
Hufsohle
weiße Linie
Tragrand

Führe den Hufkratzer
vorsichtig vom Ballen
zur Zehe und kratze den
Schmutz heraus.

Kontrolliere den Huf auf
Verletzungen und schau nach,
ob alle Eisen fest sitzen.

Das Auskratzen der Hufe gehört zum täglichen
Pflegeprogramm.

Der Hufschmied

Der Hufschmied kommt alle sechs bis acht
Wochen und schneidet das überschüssige
Horn der Hufe ab. Manchmal stellt er
dabei fest, dass das Pferd ein neues Eisen
braucht, weil ein Eisen sehr abgenutzt oder
verloren gegangen ist.

Der Hufschmied kürzt nachgewachsene Hufe.

Spaß
beim
Reiten

Ein Pflegepferd für Maja

„Wär das schön, wenn ich auch ein eigenes Pony hätte!", schwärmt Maja.

„Du kannst so oft mitkommen, wie du willst", bietet Sophie ihr an. Aber sie versteht, was Maja sich wünscht: ein Pony, für das sie allein verantwortlich ist.

Da fällt ihr plötzlich etwas ein.

„Du, Hanna geht nächste Woche auf Klassenfahrt. Vielleicht sucht sie ja jemanden, der inzwischen Ricky pflegt."

Maja bekommt ganz große Augen. „Das wäre toll!"

„Ich rufe sie heute Abend an", schlägt Sophie vor.

Hanna ist froh, dass Maja sich um ihr Pony kümmern will.

Sie verabredet sich gleich für den nächsten Tag mit Sophie und ihrer Freundin. „Dann können Ricky und Maja sich kennenlernen."

„Siehst du, nun hast du ein Pflegepferd!" Sophie freut sich mit Maja, dass Hanna ihr Ricky anvertraut hat. Für eine Woche darf Maja das junge Islandpony betreuen.

Dazu gehören nicht nur tägliches Ausreiten und liebevolle Zuwendung, sondern auch die Pferdepflege und das Ausmisten des Stalles.

„Gleich wirst du geputzt und gestriegelt", erklärt Maja, als sie Ricky von der Weide holt. „Und dann kämme ich deine Mähne."

In den Tagen zuvor haben die beiden sich schon gut angefreundet.

Maja spricht viel mit dem Tier, gönnt ihm aber auch Pausen.

Fröhlich schnaubend lässt das kleine Pony sich die Körperpflege gefallen.

„Wenn wir fertig sind, reiten wir zusammen mit Sophie und Chico aus", verspricht Maja ihm. Beim Ausritt fühlt Maja sich schon ziemlich sicher. Sie hat inzwischen Reitstunden genommen und will bald ihre erste Prüfung ablegen.

„Komm! Wir reiten zum Waldsee", schlägt Sophie vor. „Das ist Chicos Lieblingsplatz."

Als die beiden Mädchen ihren trinkenden Ponys zuschauen, fragt Sophie: „Du kommst doch supergut mit Ricky klar, oder?"

Ihre Freundin nickt begeistert, wundert sich aber gleichzeitig über die Frage. „Dann verrate ich dir was. Hanna hat mir erzählt, dass sie in den Sommerferien verreisen will. Für diese Zeit braucht sie wieder eine gute Pferdepflegerin."

Was ein Reiter braucht

Für deine ersten Reitstunden brauchst du nicht gleich eine komplette Reitausrüstung. Unbedingt nötig sind jedoch eine Reitkappe oder ein Reithelm. Kappe oder Helm müssen gut sitzen und einen Kinnschutz haben. Wichtig sind auch feste, höhere Schuhe mit Absatz. Es gehen auch Gummistiefel.

> Mit Reithandschuhen kannst du die Zügel besser halten.

Bequeme Kleidung

Die Reitkleidung sollte bequem, aber nicht zu weit sein. Sonst sieht der Reitlehrer nicht, ob du richtig im Sattel sitzt. Ein T-Shirt und eine Jogginghose oder Jeans reichen für den Anfang.

Reithelme sind meist sicherer als Kappen.

Die Schuhe sollten über den Knöchel gehen.

Die Reitkleidung für jeden Tag ist sicher und bequem.

Praktisch sind Chapsletten, die man über die Hose zieht.

Schutz bei Wind und Wetter

Bei Ausritten im Gelände nimmst du je nach Wetter eine winddichte Jacke oder Regenkleidung mit. Mit der richtigen Kleidung kannst du dann das ganze Jahr über mit deinem Pferd die frische Luft genießen. Das tut euch beiden gut!

Für Reitturniere gibt es genaue Kleidervorschriften.

Kleidung für Turniere

Wer an einem Turnier teilnimmt, muss sich an die jeweilige Kleiderordnung halten. Meist haben die Reiter eine weiße Reithose, Bluse und Jackett sowie weiße Handschuhe an. Außerdem tragen sie eine Reitkappe und dunkle Stiefel.

Spezielle Reitkleidung

Wenn du Spaß am Reiten hast und dabei bleiben willst, kaufen dir deine Eltern viel-leicht eine richtige Reithose und Reitstiefel. Eine Reithose ist an den Knien und am Gesäß verstärkt und ohne störende Nähte. Reitstiefel sind die sicherste Fußbekleidung. Beides bekommt man in Reitgeschäften oder oft günstiger in Secondhandläden.

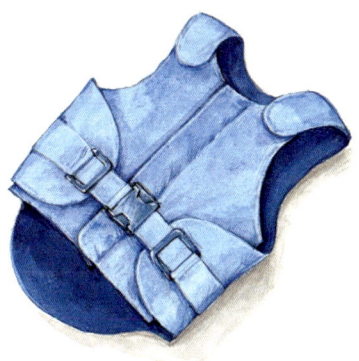

Eine Schutzweste ist vor allem beim Springreiten wichtig.

Eine Reithose verhindert, dass die Beine aufge-scheuert werden.

Es gibt kurze und lange Reitstiefel.

Handschuhe schützen die Hände.

Ausrüstung für Pony und Pferd

Auch ein Pony oder Pferd braucht sein eigenes Halfter, Zaumzeug und einen gut sitzenden Sattel, wenn man mit ihm ausreiten will.

Mit Halfter und Zaumzeug kann man ein Pony oder Pferd leichter führen und kontrollieren. Der Sattel ist eine Art Ledersitz auf dem Rücken des Pferdes.

Halfter und Zaumzeug

Wenn du dein Pferd führen oder anbinden willst, benutzt du ein Halfter mit einem Strick daran. Beim Reiten brauchst du das Zaumzeug, ein Geschirr aus Leder und Metall. Es wird um den Kopf des Pferdes gelegt. Zum Zaumzeug gehören Kopfstück und Zügel. Bewahre das Zaumzeug an einem trockenen, warmen Ort auf. Am besten räumst du es in die Sattelkammer. Achte darauf, Zaumzeug und Sattel immer sauber und ordentlich zu halten.

Es gibt ganz unterschiedliche Gebisse. Hier die häufigsten:

Die Olivenkopftrense liegt ruhig im Maul des Pferdes.

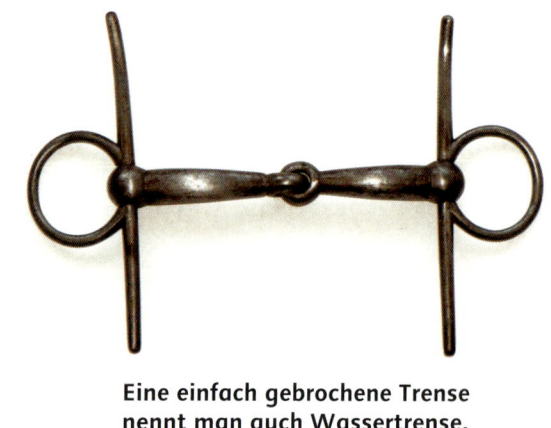

Eine einfach gebrochene Trense nennt man auch Wassertrense.

Das Gebiss

Mit dem Zaumzeug wird dem Pferd meist ein Gebiss aus Metall, Leder oder Gummi ins Maul geschoben. Die häufigsten Gebisse sind Trensen und Kandaren.

Das Zaumzeug muss genau passen, sonst tut sich das Pferd weh.

Die Satteldecke saugt Schweiß auf.

So sieht ein Vielseitigkeitssattel aus.

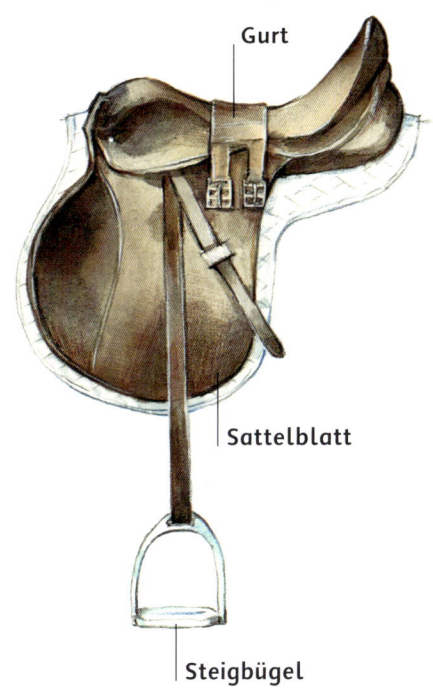

Gurt

Sattelblatt

Steigbügel

Der Sattel

Die meisten Reiter benutzen einen Vielseitigkeitssattel. Für manche Reitarten, etwa Westernreiten oder Springreiten, gibt es Spezialsättel. Alle Sättel werden aus robustem, aber weichem Leder hergestellt. Man bewahrt sie in der Sattelkammer auf einem Sattelhalter oder einem Bock auf.

Ein schmutziger Sattel kann Hautkrankheiten auslösen!

Guter Sitz

Der Sattel muss gut sitzen, sonst scheuert sich das Pferd auf. Das verhindert auch die Satteldecke, die unter dem Sattel liegt. Damit der Sattel nicht verrutscht, wird er mit einem Sattelgurt befestigt.

Sattel und Zaumzeug müssen nach jedem Ritt gereinigt werden.

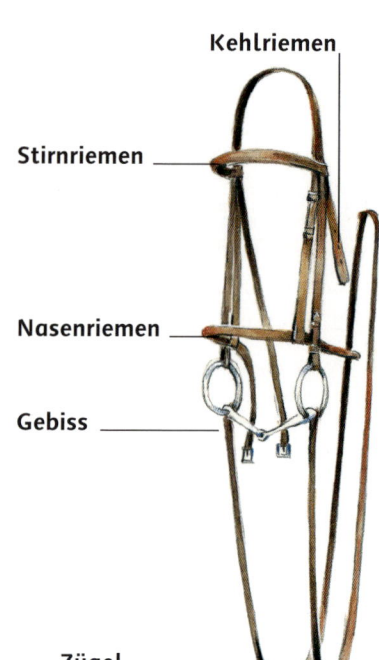

Kehlriemen

Stirnriemen

Nasenriemen

Gebiss

Zügel

So wird aufgetrenst

Das Auftrensen erfordert etwas Übung. Vielleicht hilft dir anfangs ein erfahrener Reiter dabei? Schon bald wirst du alle Handgriffe sicher beherrschen. Bleibe dabei ruhig und sanft – dann wird es dein Pferd auch sein. Am sichersten ist es, wenn du das Pferd anbindest. Zäume es im oder vor dem Stall auf. Sollte das Pferd das Maul nicht aufmachen, dann lege einen Finger oben seitlich ins Maul. Überprüfe am Schluss, ob alles gut sitzt und passt.

1

2

1 Gebiss einführen

Zum Auftrensen stellst du dich neben das Pferd. Das Kopfstück hältst du in der rechten Hand, das Gebiss in der linken. Schieb das Gebiss vorsichtig ins Pferdemaul.

3

2 + 3 Trense anlegen

Nun streifst du die Trense über die Ohren. Hole den Mähnenschopf unter dem Stirnriemen hervor. Zuletzt schnallst du Nasen- und Keilriemen fest. Überprüfe danach ihren Sitz.

Abtrensen

Zum Abtrensen legst du dem Pferd oder Pony ein Halfter um den Nacken. Dann löst du Nasen- und Keilriemen und hebst die Zügel über die Ohren. Abschließend ziehst du das Zaumzeug ab und nimmst das Gebiss vorsichtig heraus.

Lederriemen reinigen

Lederriemen werden mit etwas Lederseife gereinigt. Dann kann man sie einfetten.

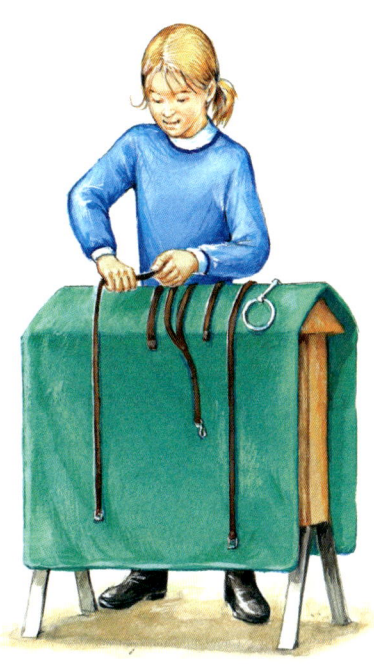

Zaumzeug zerlegen

Um das Zaumzeug richtig zu reinigen, muss es in seine Einzelteile zerlegt werden.

Quizfrage

Was ist eine Trense?

a. ein Gebiss
b. ein Zügel
c. ein Halfter

(Lösung: a. ein Gebiss)

Gebiss säubern

Das Gebiss wäscht man nur mit klarem Wasser, nicht mit Seife.

Ein Pferd satteln

Sei immer sorgfältig beim Aufsatteln, damit der Sattel das Pferd nicht drückt. Achte darauf, dass der Sattel die richtige Größe für dein Pferd hat.
Auch für die eigene Sicherheit ist das richtige Aufsatteln wichtig. Ein schlecht sitzender oder rutschender Sattel kann schnell zu einem Sturz führen.

1 Sattel auflegen
Binde dein Pferd fest und lege ihm von links Satteldecke und Sattel auf den Hals. Ziehe den Sattel auf den Rücken.

2 Sattelgurt festziehen
Ziehe den Sattelgurt von der linken Seite unter dem Bauch hindurch. Dann wird er so stamm angezogen, dass der Sattel nicht verrutschen kann.

3 Sattelgurt nachziehen
Vor dem Reiten ziehst du den Sattelgurt noch einmal nach, damit er richtig fest sitzt. Zum Schluss lässt du die Steigbügel herunter.

Der Sattelgurt darf keine Falten am Körper werfen!

1 Sattelgurt lösen

Nach dem Reiten ziehst du die Steigbügel hoch und löst den Sattelgurt. Pass auf, dass er nicht an die Beine schlägt.

2 Sattel abnehmen

Dann nimmst du den Sattel mit beiden Händen vorsichtig vom Rücken und ziehst ihn zu dir hin.

 **Quizfrage**

Wo sollte der Sattel liegen?

a. auf der niedrigsten Stelle
   am Rücken
b. auf der höchsten Stelle
   am Rücken
c. möglichst nah am Hals

(Lösung: a. auf der niedrigsten Stelle am Rücken)

3 Sattel aufräumen

Den Sattel bringst du wieder in die Sattelkammer und das Pferd führst du in den Stall.

Richtig auf- und absitzen

Die ersten Male lässt du dir beim Aufsitzen am besten
von einem Erwachsenen helfen. Später lernst du allein
aufzusitzen. Das ist gar nicht so schwer!
Vor dem Aufsitzen prüfst du, ob der Sattelgurt fest ist,
damit der Sattel nicht verrutscht. Und du stellst dir die
Steigbügelriemen passend ein.

1 In den Steigbügel steigen
Du stellst dich links neben dein Pferd.
In der linken Hand hast du die Zügel, in
der rechten Hand den Steigbügel. Hebe
den linken Fuß in den Steigbügel und greife
mit der rechten Hand den Sattel.

2 Aufsitzen
Dann stößt du dich mit dem rechten Fuß
kräftig vom Boden ab. Du schwingst dein
rechtes Bein über den Rücken des Pferdes.
Lass dich sanft in den Sattel gleiten.

3 Sitz prüfen
Zuletzt schiebst du den rechten Fuß in
den Steigbügel. Du sitzt in der Mitte des
Sattels, mit geradem Rücken. Die Zügel
hältst du in beiden Händen, jeweils mit
Daumen und Zeigefinger.

1 Füße aus den Steigbügeln

Normalerweise sitzt du von der linken Seite ab, also von der gleichen Seite, auf der du aufsitzt. Zum Absitzen nimmst du beide Füße aus den Steigbügeln. Die Zügel hältst du mit der linken Hand fest.

2 Absitzen

Du lehnst dich nach vorne und schwingst dein rechtes Bein über den Rücken. Beim Runterspringen stützt du dich kurz mit den Armen auf dem Sattel ab. Und schon stehst du auf dem Boden!

Zum Üben ist ein solches Pferd ideal – es wird nie ungeduldig.

Ruhig bleiben

Sei beim Absitzen genauso sanft wie beim Aufsitzen, dann wird auch dein Pferd ruhig stehen bleiben. Wenn dein Pferd unruhig ist, bittest du einen anderen Reiter, es festzuhalten.

Du solltest auch das Absitzen von der anderen Seite trainieren, damit du von links und rechts absitzen kannst.

Manche Reiter lassen beim Absitzen einen Fuß im Steigbügel.

An der Longe

Deine ersten Schritte auf dem Pony machst du an der Longe, einer langen Leine. Dabei übst du, sicher auf dem Pony zu sitzen und dein Gleichgewicht zu halten. Der Reitlehrer führt dein Pony im Kreis und erteilt ihm Kommandos. Du brauchst nichts zu tun. Das ist auch gut so, denn manchmal schaukelt es ganz schön im Sattel!

So sitzt du richtig
Beim Longieren sitzt du aufrecht, mit lockerem und geradem Kopf. Deine Arme hängen am Körper herunter. Wenn du Angst bekommst, hältst du dich an einem speziellen Griff am Sattel fest.

Die Longenstunde hilft dir, deinen Sitz zu trainieren.

 **Quizfrage**

Wie heißt das Halfter beim Longieren?

a. Sperrhalfter
b. Kappzaum
c. Trense

(Lösung: b. Kappzaum)

Halfter und Peitsche
Dein Pony trägt für die Longenstunde ein besonderes Halfter, den Kappzaum. Daran ist die Longe befestigt. Die Zügel sind verknotet und liegen lose am Pferdehals. Manchmal benutzt der Reitlehrer zusätzlich eine Longierpeitsche, um das Pony zu kontrollieren und zu lenken.

**Schaffst du es,
die Ohren deines Ponys zu berühren?**

Schrittarbeit an der Longe

Jede Longenstunde beginnt mit einigen Runden im Schritt. Du achtest darauf, entspannt und tief im Sattel zu sitzen. Dabei kannst du ein wenig Gymnastik auf dem Pferderücken machen. Wenn du bereits sicherer bist, übst du danach Arbeitstrab und später sogar Galopp.

**Sobald du dich sicherer fühlst, kannst
du die Steigbügel überschlagen.**

Nach und nach bekommst du ein Gefühl für die Bewegungen des Ponys.

**Drehe dich auf dem Pferderücken um,
sodass du verkehrt im Sattel sitzt.**

Gymnastik auf dem Pferd

Gymnastik hilft dir, dein Gleichgewicht zu stärken. Du kannst dich nach vorne und nach hinten beugen. Du streckst deine Arme seitwärts aus oder verschränkst sie hinter dem Rücken. Der Reitlehrer kennt sicher noch andere Übungen.

Deine ersten Schritte mit dem Pony

Du hast auf- und absteigen gelernt und an der Longe geübt. Jetzt möchtest du am liebsten sofort anreiten. Doch sitzt du auch ruhig und tief im Sattel? Ist dein Rücken gerade?

Das erste Mal richtig zu reiten ist ganz schön aufregend!

Klare Kommandos
Dein Pony braucht klare Kommandos. Zeig ihm mit deinem Körper, deiner Stimme und den Zügeln, was es tun soll. Dann fühlt ihr euch beide wohl und kommt gut klar.

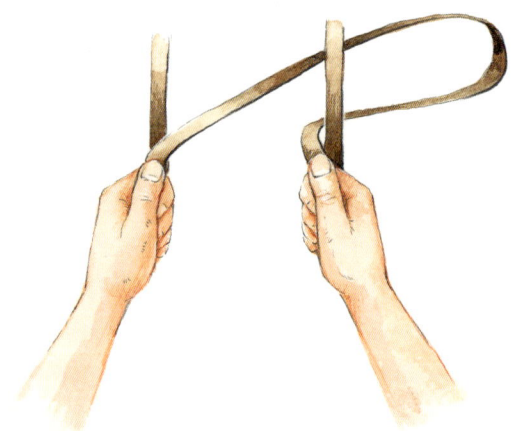

Die Zügel dürfen nicht zu lang sein und du musst sie richtig halten.

Hilfen geben
Die verschiedenen Signale, die du deinem Pony gibst, nennt man in der Reitersprache Hilfen. Diese Hilfen zu beherrschen ist dein nächstes Ziel!

Wenn dein Pony anreitet, nicht an den Zügeln ziehen.

Anreiten
Du sitzt tief im Sattel und gehst mit den Händen etwas nach vorne. Gleichzeitig klopfst du mit den Schenkeln zart an den Pferdebauch. Ein kurzes „Komm!" und dein Pony weiß, dass es anreiten soll.

Das Pony lenken

Jetzt lernst du, mit deinem Pony die Richtung zu wechseln. Du willst nach links reiten? Bewege das linke Bein etwas nach vorne, das rechte nach hinten. Führe die rechte Hand nach vorne, die linke nach hinten. Ziehe sanft am linken Zügel.
Du willst nach rechts reiten: Dann mach einfach alle Bewegungen jeweils mit dem anderen Arm und Bein.

Nach rechts oder links reiten nennt man in der Fachsprache Richtung wechseln.

Versuche locker und entspannt zu sitzen!

So hältst du das Pony an

Setz dich gerade und tief in den Sattel. Schließe deine Beine kurz am Körper des Ponys. Geh mit deinen Händen etwas nach hinten und ziehe an den Zügeln. Ein klares „Halt!" unterstreicht deine Hilfen.

Der Reitlehrer achtet darauf, dass die Schüler klare Hilfen geben.

Trab und Galopp reiten

Das erste Mal Trab reiten ist ganz schön aufregend!

Du fühlst dich sicher auf dem Pferderücken und beherrschst einfache Hilfen? Dann ist es an der Zeit, neben Schritt auch Trab und Galopp zu erlernen.

Beim Traben bewegt das Pony immer zwei Beine gleichzeitig, beim Galopp sogar drei. Galopp ist die schnellste Gangart und für Anfänger nicht ganz einfach.

Trab

Beim Trab wirst du anfangs ganz schön durchgerüttelt. Doch der Reitlehrer zeigt dir, wie du mit den Bewegungen des Ponys mitgehen kannst. Bald wirst du entspannt und ruhig sitzen. Es gibt zwei Möglichkeiten zu traben: das Leichttraben und das Aussitzen.

Galopp

Sobald du dich sicher im Traben fühlst, lernst du zu galoppieren. Galopp ist die schnellste Gangart des Pferdes. Dein Pony bewegt sich dabei im Dreitakt, also im Rhythmus „eins-zwei-drei"… Der Reiter wird dabei weniger geworfen als beim Trab.

 Mehr über die Gangarten beim Pferd steht auf **Seite 26**.

Galoppieren macht fortgeschrittenen Reitern großen Spaß.

Quizfrage

Wie verbesserst du deinen Trab: Reitest du …

a. ohne Sattel?
b. ohne Zügel?
c. ohne Steigbügel?

(Lösung: c. ohne Steigbügel)

Am Anfang jeder Reitstunde steht das Schritt Reiten.

Vom Schritt in den Trab

Soll das Pony vom Schritt in den Trab wechseln, gib ihm diese Hilfen: Setz dich tief in den Sattel und verkürze die Zügel ein wenig. Gleichzeitig drückst du beide Beine sanft gegen den Pferdebauch.

Danach übt man den fließenden Übergang in den Trab.

Leichttraben und Aussitzen

Beim Leichttraben bewegst du dich auf und ab. Am besten zählst du am Anfang: „eins-zwei-eins-zwei". Bei „eins" gehst du mit dem Po hoch, bei „zwei" lässt du dich wieder in den Sattel gleiten. Schwieriger ist das Aussitzen: Du bleibst tief im Sattel sitzen und folgst den Bewegungen des Ponys.

Wer schon länger reitet, wechselt in den Galopp.

Übergang in den Galopp

Sichere Reiter wechseln aus dem Trab in den schnelleren Galopp. Der Reitlehrer wird dir zeigen, worauf es dabei ankommt. Man unterscheidet Rechts- und Linksgalopp, je nachdem, mit welchem Bein das Pferd anfängt.

Richtige Haltung

Beim Galopp sitzt du genauso auf dem Pony wie beim Schritt: tief im Sattel, aufrecht und mit geradem Rücken. Achte darauf, dich nicht zu weit nach hinten oder nach vorne zu lehnen.

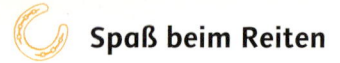
Der erste Ausritt

Eines Tages ist es dann so weit: Dein erster Ausritt steht bevor. Du darfst mit dem Pony ins Gelände gehen. Das ist ganz schön aufregend!
Beim ersten Ausritt ist der Reitlehrer immer dabei.
Meist seid ihr eine Gruppe von Reitschülern. Ihr reitet hintereinander oder zu zweit nebeneinander.

Ein neues Reitgefühl
Das Reiten in der freien Natur und in einer Gruppe macht großen Spaß. Dort kannst du zeigen, was du bei den Reitstunden in der Halle gelernt hast.

Wenn Reiter Kleidung mit Reflektorstreifen tragen, sieht man sie immer gut.

Eine kleine Erste-Hilfe-Ausrüstung sollte im Gelände immer dabei sein.

Das Reittempo richtet sich nach den schwächsten Reitern in der Gruppe.

Beim Reiten in der Gruppe genug Abstand halten!

Andere Verhältnisse
Allerdings ist das Pony im Gelände schwieriger zu kontrollieren. Es wird leichter abgelenkt und scheut manchmal. Bemühe dich, trotzdem ruhig und entspannt zu bleiben.

Auf der Straße immer hintereinander, nie nebeneinander reiten.

Ein erfrischendes Bad
beim Ausritt lieben die
meisten Pferde.

Reitwege und Straßen

Für das Reiten auf Reitwegen und Straßen
gibt es Regeln, die jeder Reiter kennen
muss. Du solltest möglichst immer am
rechten Straßenrand reiten, entweder im
Schritt oder im Trab. Willst du die Richtung wechseln, gibst du wie beim Fahrrad-
fahren ein Handzeichen.

Das ist ein
gekennzeichneter
Reitweg.

Dieser Weg
ist für Reiter
verboten.

Nach dem Reiten

Nach jedem Reiten, egal ob in der Halle, auf der Reitbahn oder im Gelände, musst du dein Pferd oder Pony gründlich putzen und gut versorgen. Das ist zwar manchmal lästig, muss aber unbedingt sein!

Was für ein schöner Ausritt! Jetzt ist die Arbeit nach dem Reiten angesagt.

Absatteln und Abzäumen

Zuerst sattelst du das Pony ab, je nach Wetter im Hof oder Stall. Danach zäumst du es ab und räumst Sattel und Zaumzeug weg. Mehr über Abtrensen und Absatteln steht auf den Seiten 59 und 61. Dabei sprichst du freundlich zu ihm und lobst es für seine gute Arbeit.

Nach dem Reiten habe ich immer einen Riesenhunger!

Fellpflege und Futter

Ist das Pony verschwitzt? Dann reibst du es trocken oder wäschst es mit lauwarmem Wasser. Mit einem Schweißmesser entfernst du das Wasser aus dem Fell. Dann wird das Fell gepflegt. Worauf es dabei ankommt, steht auf Seite 46. Hufe auskratzen nicht vergessen! Während du dein Pony versorgst, darf es nebenbei Heu fressen.

Das Pony fühlt sich wohl, wenn du es nach dem Reiten liebevoll umsorgst.

Spielen und Entspannen

Wenn du das Pony geputzt, gefüttert und gestreichelt hast, bringst du es möglichst auf die Weide. Denn nach dem Reiten möchte es spielen und laufen, sich wälzen und entspannen.

Quizfrage

Was lieben Pferde nach dem Reiten?

a. Toben auf der Weide
b. Schlafen im Stall
c. Longestunde

(Lösung: a. Toben auf der Weide)

Pferde möchten nach dem Reiten das tun, wozu sie Lust haben.

Wälzen tut gut!

Alle Pferde lieben es, sich ausgiebig am Boden zu wälzen. Manchmal brummen sie dabei wohlig. Danach schütteln sie sich kräftig und schleudern Nässe, Sand oder Gras aus dem Fell.

Wälzen ist für Pferde ein wichtiger Teil der Körperpflege.

Ein Pferd braucht Zeit

Reiten ist ein sehr schönes Hobby, aber man braucht viel Zeit dafür: Das Pferd muss täglich gefüttert, gepflegt und genügend bewegt werden – und man muss seinen Stall ausmisten. Damit ihr Spaß zusammen habt, musst du also auch etwas für dein Pony tun!

Der richtige Reitstall

Die Wahl des richtigen Reitstalls ist sehr wichtig, damit du Spaß am Reiten hast. Das gilt für die ersten Reitstunden genauso wie für fortgeschrittene Reiter.

Dieser Reiterhof wirkt gepflegt und freundlich.

Die Pferde sollten sich im Stall wohlfühlen.

Am besten hörst du dich einmal in der Schule oder im Freundeskreis um. Vielleicht kann dir jemand einen guten Reitstall in der Nähe empfehlen? Du kannst dort bestimmt einmal vorbeikommen und dich umschauen, bevor du dich entscheidest. Es gibt einige Punkte, an denen du einen guten Reitstall erkennen kannst.

Am besten sind offene Boxen, damit die Pferde nach draußen schauen können.

Checkliste

Ein guter Reitstall hat:
- ✓ saubere und offene Ställe
- ✓ stabile Wände, sichere Türen
- ✓ genug Platz für jedes Pferd
- ✓ eine ordentliche Sattelkammer
- ✓ ausreichend große Weiden
- ✓ eine gepflegte Reitbahn
- ✓ eine freundliche Atmosphäre
- ✓ gute und nette Reitlehrer

Verschiedene Reitweisen

Kleines Hufeisen

Maja ist so aufgeregt wie lange nicht mehr. In wenigen Minuten beginnt ihre Prüfung für das Abzeichen „Kleines Hufeisen".

Zusammen mit zwei anderen Mädchen soll sie zeigen, dass sie mit einem Pony umgehen kann.

„Drück mir alle Daumen!", bittet sie Sophie, die schon das „Große Hufeisen" an ihrer Jacke trägt.

„Ganz fest", verspricht ihre Freundin. „Da kommt Annika. Viel Glück!"

„Hallo!", ruft die Reitlehrerin und schaut die Kinder aufmunternd an. „Na, dann legt mal los!"

Wie Maja es gelernt hat, putzt und sattelt sie Chico.

Danach führen die drei Mädchen ihre Ponys zum Sandplatz.

Als Maja sich in den Sattel schwingt, merkt sie, dass ihre Hände feucht sind. In ihrem Bauch flattern tausend Schmetterlinge. Dennoch reitet sie ganz sicher und ruhig.

Zwischendurch wirft sie immer mal wieder einen Blick zu Sophie, die am Zaun steht und ihr zulächelt.

Wie froh sie ist, eine Freundin wie Sophie zu haben!

Plötzlich spürt Maja, dass Chico zögert. Sie schreckt hoch.

Ich habe geträumt! Warum fangen die anderen Ponys an zu traben?

Sie weiß, dass das Pony verunsichert ist, wenn es keine Befehle von der Reiterin bekommt. Doch sie ist völlig durcheinander.

Als sie gerade Hilfe suchend nach Sophie Ausschau hält, beginnt Chico von selbst zu traben.

Weiß er, was jetzt dran ist?

„Danke, Chico", flüstert Maja. „Du hast mir echt geholfen.

Maja gewinnt ihre Sicherheit zurück. Die nachfolgenden Prüfungsfragen beantwortet sie wie die anderen Mädchen auf Anhieb richtig.

„Herzlichen Glückwunsch zum Kleinen Hufeisen!", gratuliert Annika den Prüflingen.

Maja strahlt, als sie ihre Urkunde und das Stoffabzeichen in Empfang nimmt.

„Eigentlich müsste Chico die Urkunde bekommen", flüstert sie Sophie zu.

Die Hufschlagfiguren

Wie beim Reiten im Gelände, so gibt es auch für die Reitbahn bestimmte Regeln. Sie sind nötig, weil sich immer mehrere Reiter eine Reitbahn teilen.
In der Reitbahn wurden bestimmte Pfade festgelegt, die alle Reiter einhalten. Man nennt sie Hufschläge. Zur Orientierung sind an der Bahn Buchstaben angebracht.

In der Reithalle kann der Reitunterricht auch bei schlechtem Wetter stattfinden.

Ganze Bahn!

Die verschiedenen Hufschläge haben Namen, die du schnell lernen wirst. Der Reitlehrer benutzt sie bei seinen Kommandos. Ruft er zum Beispiel „Ganze Bahn!", dann reitet ihr am Rand einmal um die Bahn herum. Dieser Pfad heißt äußerer oder erster Hufschlag. Der innere Hufschlag verläuft auch um die ganze Bahn, aber weiter innen. Er wird auch zweiter Hufschlag genannt.

Siehst du zwischen den Ohren deines Pferdes die Hinterfüße des Vorderpferdes? Dann ist dein Abstand richtig!

Regeln in der Reitbahn

Wenn du linksherum reitest, hast du Vorrang in der Reitbahn. Dazu sagt man „auf der linken Hand reiten". Ein dir entgegenkommender Reiter muss auf den zweiten Hufschlag wechseln. Reiten mehrere Reiter auf einer Hand, also in der gleichen Richtung, gehört dem schnelleren der äußere Hufschlag. Wechselst du die Richtung, so heißt das „Handwechsel". Auch dafür gibt es genaue Regeln.

Ganze Bahn

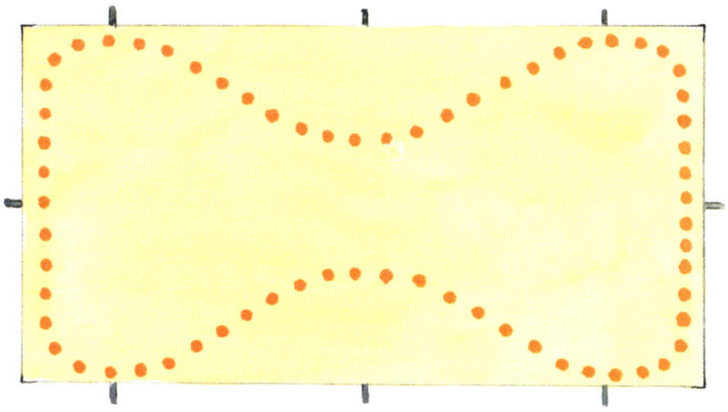

Einfache Schlangenlinien

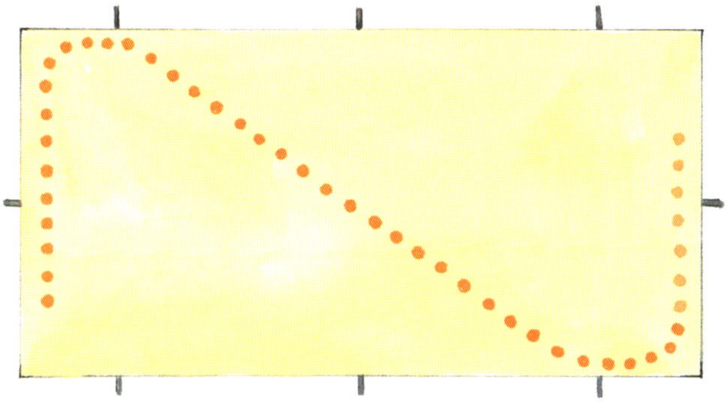

Durch die ganze Bahn wechseln

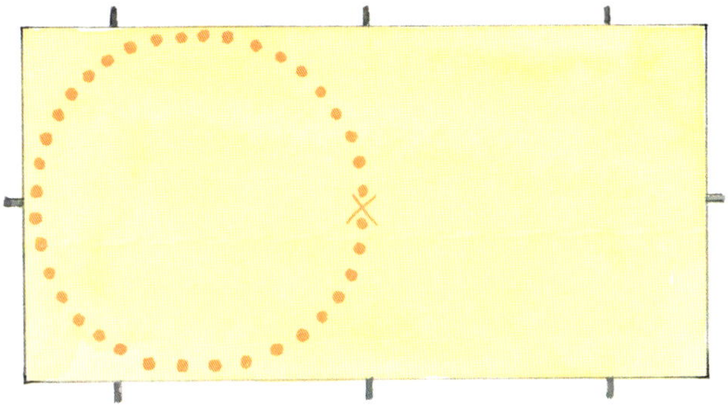

Zirkel

Zirkel und Schlangenlinien

Sobald du dich sicher in der Reitbahn fühlst und dein Pferd gut kontrollierst, lernst du schwierigere Hufschlagfiguren. Du reitest verschieden große Zirkel und wechselst von einem Zirkel in den anderen. Eine gute Übung sind auch einfache Schlangenlinien oder solche durch die ganze Bahn. Wenn du später Dressurreiten willst, sind diese Bahnfiguren wichtig.

Hilfen

Achte bei allen Hufschlagfiguren darauf, genaue Hilfen zu geben. Dann wird dein Pferd oder Pony die Linien gleichmäßig reiten. Du beginnst im Schritt, später wechselst du in Trab und Galopp.

Diese Reiter wechseln gerade durch die ganze Bahn.

Dressurreiten

Pferde bewegen sich von Natur aus elegant und leicht. Das Ziel beim Dressurreiten ist es, diese Eleganz und Leichtigkeit auch mit einem Reiter zu erreichen. Dafür lernt das Pferd verschiedene Dressuraufgaben. Sie sind eine Art Gymnastik für das Pferd.

Als Sportart gibt es die Pferdedressur seit über 100 Jahren.

Solche Sporen verstärken bei der Dressur die Hilfen des Unterschenkels.

Wichtig: die Hilfen

Deinem Pferd Hilfen zu geben, ist dir schon vertraut. Du weißt, was du tun musst, damit dein Pferd losreitet oder nach links reitet. Bei der Dressur geht es darum, diese Hilfen zu verfeinern und mit dem Pferd bestimmte Aufgaben auszuführen.

Aufgaben und Lektionen

Die Dressuraufgaben bestehen aus mehreren, unterschiedlich schwierigen Lektionen. Das ist wie in der Schule, wo du einzelne Fächer hast. Wichtig ist, alle Lektionen sehr sorgfältig und genau auszuführen. Das erfordert Disziplin und Konzentration – bei dir und bei deinem Pferd. Ihr müsst ein richtig gutes Team werden. Du solltest dein Pferd gut kennen und wissen, wie du mit ihm umgehst. Und dein Pferd sollte auf deine Hilfen schnell und sicher reagieren. Das ist nicht einfach, aber wenn du es schaffst, kannst du stolz auf euch zwei sein!

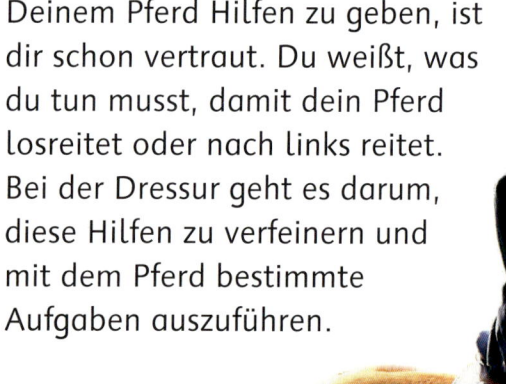

Beim Dressurreiten müssen sich Reiter und Pferd perfekt abstimmen.

Die Grundausbildung

Die Lektionen werden nacheinander ausgeführt. Das Pferd bewegt sich im Schritt, Trab und Galopp. Du reitest vorwärts, rückwärts, seitwärts oder auf der Stelle – je nach Lektion und Ausbildungsstufe. Dein Pferd soll lernen, sich im Takt und locker zu bewegen und deinen Hilfen zu folgen. Dabei könnt ihr viel voneinander lernen und euch gemeinsam verbessern.

Bei Turnieren müssen Reiter und Pferd genaue Vorschriften beachten.

Dressurtraining erfordert Zeit, Geduld und Konzentration.

Turniere

Bei Turnieren können Dressurreiter und ihre Pferde ihr Können zeigen. Sie führen verschiedene Lektionen vor und bekommen Noten dafür: 0 ist die schlechteste, 10 die beste Note.

Hohe Schule

Hohe Schule nennt man die Pferdedressur des höchsten Schwierigkeitsgrades. Die Lektionen sind sehr anspruchsvoll. Bei der Piaffe trabt das Pferd zum Beispiel auf der Stelle. Bei der Kapriole springt es nach oben und schlägt mit der Hinterhand aus.

 **Quizfrage**

Wie nennt man die Aufgaben beim Dressurreiten?

a. Lektionen
b. Stunden
c. Übungen

(Lösung: a. Lektionen)

Springreiten

Du möchtest Springreiten lernen? Fühlst du dich absolut sicher auf deinem Pferd und kontrollierst es gut? Denn Springreiten macht zwar Spaß, ist aber nicht ungefährlich. Deshalb musst du beim Springreiten immer Helm und Schutzweste tragen. Zur Vorbereitung trainierst du kleine Sprünge über Stangen. Man nennt sie Cavaletti.

Anreiten

Jeder Sprung besteht aus mehreren Phasen: Am Anfang steht das Anreiten. Dabei sitzt du tief im Sattel und reitest mit Schwung auf das Hindernis zu.

Absprung

Du gehst in den leichten Sitz und treibst dein Pferd vorwärts. Wenn es abspringt, beugst du dich nach vorn und hebst dich aus dem Sattel.

Schwebephase

Über dem Hindernis bleibst du im leichten Sitz und bereitest dich auf die Landung vor. Die Zügel kannst du jetzt etwas nach-geben.

Landung

Sobald dein Pferd landet, richtest du den Oberkörper auf und federst die Landung mit deinen Beinen ab. Die Zügel solltest du jetzt verkürzen.

Turnierspringen

Fortgeschrittene Springreiter möchten an Turnieren teilnehmen. Dort überwinden Pferd und Reiter verschiedene Hindernisse wie Stangen oder Wassergräben.

> Wärme dein Pferd vor dem Springen immer erst auf!

Springen in der Natur

Wenn du im Gelände reitest, gibt es immer wieder Situationen, in denen dein Pferd springen muss, zum Beispiel über einen Baumstamm oder einen Bach. Dann hilft es dir, wenn du die Grundlagen des Springreitens beherrschst und geübt hast.

Springen macht großen Spaß – aber du solltest am Anfang noch etwas vorsichtig sein.

Der Wassergraben zählt zu den beliebtesten Hindernissen beim Springreiten.

Turniere

Irgendwann ist es dann so weit: Dein erstes Turnier steht bevor! Du bist angemeldet und fühlst dich sicher und wohl mit deinem Pferd. Kläre vorab, welche Ausrüstung für Reiter und Pferd vorgeschrieben sind.

Das Verladen übt man am besten schon mehrere Male vor dem Turnier.

Checkliste für Turniere

- ✔ Sattel, Zaumzeug, Sporen
- ✔ Gamaschen, Bandagen
- ✔ Halfter, Führstrick, Decken
- ✔ Putzzeug, Erste-Hilfe-Kasten
- ✔ Heunetz, Futterkrippe, Eimer
- ✔ Reitkleidung
- ✔ Geld, Telefon

Nach der Ankunft braucht dich dein Pferd ganz besonders.

Anreise

Vielleicht findet das Turnier in der Nähe statt und du kannst hinreiten. Ein Erwachsener begleitet dich mit dem Auto und bringt die Ausrüstung mit. Sonst muss das Pferd in einem Anhänger transportiert werden.

Vor Ort

Damit sich dein Pferd vor dem Start von der Anreise erholen kann, solltest du früh genug vor Ort sein. Dann kannst du es in Ruhe versorgen und vorbereiten. Geh mit ihm etwas spazieren, binde es danach fest und gib ihm Heu und Wasser. Während du dich anmeldest, bleibt dein Begleiter bei dem Pferd. Du bekommst eine Startnummer und erfährst deine Startzeit.

Bei der Kür zur Musik bewegt sich das Pferd wie ein Tänzer!

Für höhere Dressurprüfungen braucht man einen speziellen Dressursattel.

Disziplinen und Leistungsklassen

Je nachdem, welche Reitweise du erlernt hast, kannst du an verschiedenen Turnieren teilnehmen: Es gibt Turniere unter anderem für Dressurreiten, Springreiten und für Vielseitigkeitsreiten. So nennt man ein Turnier, das Dressur-, Gelände- und Springreiten kombiniert.

In jeder Disziplin werden bis zu sechs verschiedene Leistungsklassen festgelegt. Wer eine Leistungsklasse erfüllt, darf am Turnier teilnehmen.

Springreiten ist bei den Zuschauern meist besonders beliebt.

Der Reiter muss sich beim Sprung „leichtmachen".

Das Reitabzeichen gibt es in drei Schwierigkeitsgraden.

Reitabzeichen

Wenn du ehrgeizig bist und dein Reit- und Pferdewissen zeigen willst, kannst du verschiedene Prüfungen für Reitabzeichen machen. Es gibt Motivationsabzeichen und Leistungsabzeichen. Alle Prüfungen haben einen Theorie- und einen Praxisteil.

Das Kleine und das Große Hufeisen sind Motivationsabzeichen.

Ein tolles Gefühl, wenn man die Prüfung bestanden hat!

Motivations- und Leistungsabzeichen

Man unterscheidet zwei Arten von Abzeichen: die Motivationsabzeichen, die du zum Spaß machst, und die Leistungsabzeichen, die du für die Teilnahme an Turnieren brauchst.

Kleines und Großes Hufeisen

Beim Kleinen Hufeisen werden die Grundlagen des Reitens und des Umgangs mit dem Pferd geprüft.
Beim Großen Hufeisen geht es auch um Dressur-, Gelände- und Springreiten.

Motivationsabzeichen
- Kleines Hufeisen
- Großes Hufeisen
- Reiternadel

Leistungsabzeichen
Basispass Pferdekunde
- Reitabzeichen II
- Reitabzeichen III
- Reitabzeichen IV
- Reiterpass

Der Basispass Pferdekunde ist die Voraussetzung für die Leistungsabzeichen!

Spiel
und
Spaß

Flattertor kannst du alleine oder in der Mannschaft spielen.

Reiterspiele

Bei Kindern und Jugendlichen sind Reiterspiele sehr beliebt. Dabei treffen sich mehrere Reiter, um einzeln oder als Mannschaft verschiedene Spiele zu machen. Der Spaß steht im Vordergrund. Doch gleichzeitig sind die Spiele ein prima Training fürs Reiten und stärken das Vertrauen zwischen Reiter und Pferd. Pferde lernen außerdem mitzudenken und aufzupassen. Das ist für sie eine gute Vorbereitung für schwierigere Prüfungen, zum Beispiel beim Dressurreiten.

Hier findest du einige Ideen für Reiterspiele, die du mit deinen Freunden machen kannst.

Flattertor

Beim Flattertor reitest du durch solche Bänder hindurch. Dein Pferd muss dafür recht mutig sein und gut gehorchen. Manchmal gibt es zusätzlich eine Höhenstange: Dann musst du dich tief bücken, um durchzukommen. Dafür brauchst du viel Vertrauen zu deinem Pferd, weil du kaum mehr Hilfen geben kannst.

Ball im Eimer

Auf der Reitbahn werden mehrere Bälle und ein Eimer verteilt. Deine Aufgabe ist es, beim Reiten die Bälle einzusammeln und möglichst alle in den Eimer zu werfen.

Für Ball im Eimer muss der Reiter ziemlich gelenkig sein.

Spiele sind eine tolle Abwechslung für Pferd und Reiter!

Ringreiten kann einzeln oder als Mannschaft gespielt werden.

Ringreiten

Dieses Reiterspiel ist in Norddeutschland sehr beliebt. Es ist aber nur für geübte Reiter zu empfehlen. Der Reiter muss nämlich im Galopp einen kleinen Ring mit einer Lanze aufspießen. Der Ring hängt an einem Band über der Reitbahn.

Wäsche abhängen einmal anders – beim Spiel Wäscheleine.

Wäscheleine

Für dieses Spiel brauchst du eine Wäscheleine, verschiedene farbige Socken und einen Wäschekorb. Die Leine wird so hoch aufgehängt, dass die Spieler sie vom Pferd aus gut erreichen können. Dann wird die Wäsche, also die Socken, aufgehängt. Jeder Reiter muss unter der Leine durchreiten, zwei Socken der gleichen Farbe abzupfen und in den Wäschekorb am Ziel werfen. Das könnt ihr über mehrere Runden spielen.

Noch mehr Reiterspiele

Gewinner sind Pferd und Reiter mit den meisten Toren.

Pferdefußball könnt ihr auch mit zwei Mannschaften spielen!

Pferdefußball

Pferde und Fußball? Na klar! Zwei Reiter treten in der Halle oder auf dem Reitplatz gegeneinander an. Das Ziel ist das gleiche wie beim richtigen Fußball: Tore schießen. Torschützen sind allerdings die Pferde. Die Füße der Reiter dürfen den Ball übrigens nicht berühren – allein die Hufe (und eventuell auch Schnauzen) entscheiden. Ein Spiel dauert etwa zehn Minuten.

Balancieren

Das Geschick des Reiters ist beim Reiterspiel Balancieren gefragt. Er muss schnell absitzen, dann neben dem Pferd über ein Holzbrett balancieren und zuletzt wieder schnell aufsitzen.

Nicht nervös werden beim Balancieren – sonst verlierst du das Gleichgewicht!

Sackhüpfen einmal mit Pferd, warum nicht?

Sackhüpfen

Bei diesem Spiel sitzt du zuerst auf dem Pferd, sitzt dann ab und steigst zum Sackhüpfen in einen Sack. Hüpfend musst du ein vorher festgelegtes Ziel erreichen.

Hütchenreiten

Bei diesem Reiterspiel sind Geschicklichkeit und Konzentration gefragt – bei Reiter und Pferd. Das Ziel ist, um mehrere Hütchen herumzureiten, ohne auch nur ein einziges Hütchen umzuwerfen. Das ist gar nicht so leicht!

Polo

Dieser Mannschaftssport zu Pferd ist schon seit vielen Jahrhunderten bekannt. Besonders beliebt ist Polo in England. Gespielt wird auf speziell gezüchteten Polo-Ponys, den Criollos.

Zwei Mannschaften mit je vier Spielern treten beim Polo gegeneinander an.

Regeln beim Polo

Beim Polo spielen zwei Mannschaften gegeneinander. Das Ziel ist es, zu Pferd einen Ball mit Schlägern in das gegnerische Tor zu befördern. Es gibt genaue Regeln, was erlaubt ist und was nicht. Zum Beispiel dürfen zwei Reiter keinen gegnerischen Reiter in die Zange nehmen.

Bei diesem Spiel darfst du kein Hütchen umreiten.

Teste dein Pferdewissen!

Weißt du noch alles über Pferde und Ponys? Mit diesem kleinen Quiz kannst du dein Pferdewissen testen. Wenn du die richtigen Antwortbuchstaben der einzelnen Fragen in die Kästchen auf Seite 93 einträgst, bekommst du ein Lösungswort. Viel Spaß!

1. In welchem Takt bewegt sich das Pony oder Pferd beim Galopp?

T Im Viertakt
S Im Zweitakt
R Im Dreitakt

2. Was macht die Stute gleich nach der Geburt ihres Fohlens?

B Sie kümmert sich nicht um das Fohlen.
Ü Sie leckt das Fohlen ausgiebig trocken.
A Sie galoppiert über die Weide.

3. Wie heißt das kleinste Pferd der Welt?
C Falabella-Pony
K Shetland-Pony
E Shirehorse

4. Was ist beim Reiten in der Gruppe besonders wichtig?

F Alle anderen zu überholen
O Sich ausgiebig mit den anderen Reitern zu unterhalten
K Abstand zu den anderen Reitern zu halten

5. In welcher Art Boxen fühlen sich Pferde und Ponys besonders wohl?

E In offenen Boxen mit Ausblick nach draußen
B Allein in geschlossenen Boxen
H Zu zweit in einer Box

6. Was ist wichtig beim Umgang mit Pferden und Ponys?

P Eine ängstliche und leise Stimme
N Keine schnellen Bewegungen und eine ruhige Stimme
L Eine laute Stimme und hektische Bewegungen

7. Von welcher Seite sitzt man auf?
A Von der rechten Seite
U Von hinten
D Von der linken Seite

8. Wann werden Fohlen geboren?

E Im Frühjahr

M Im Winter

F Im Herbst

9. Wie groß waren die ersten Pferde vor vielen Millionen Jahren?

T So groß wie ein Esel

R So groß wie ein Hund

V So groß wie ein Bär

10. Was muss man beachten, wenn man auf der Straße reitet?

D Immer nebeneinander reiten, nie hintereinander

E Mitten auf der Straße reiten

P Immer hintereinander reiten, nie nebeneinander

11. Was macht man mit einer Kardätsche?

F Damit entfernt man Staub aus dem Fell.

A Mit ihr bürstet man die Mähne.

H Man pflegt damit die Hufe.

12. Welches ist die älteste Pferderasse?

N Hannoveraner

P Mustang

E Araber

13. Was wird beim „Kleinen Hufeisen" geprüft?

T Springreiten

R Der Umgang mit dem Pferd und die Grundlagen des Reitens

D Dressurreiten

14. Wie nennt man ein schwarzes Pferd?

D Rappe

B Palomino

E Fuchs

15. Woran erkennst du, ob ein Pferd freundlich und zufrieden ist?

K Es schlägt mit dem Schweif und bläht seine Nüstern.

E Es hat die Ohren aufmerksam nach vorn gedreht.

N Die Ohren sind angelegt und die Augen weit geöffnet.

 **Das größte Glück der Erde liegt auf dem**

Rücken der Pferde.

Wichtige Begriffe rund um Pferde und Ponys

Abzeichen Im Unterschied zur Fellfarbe anders gefärbte Körperstellen des Pferdes, meist am Kopf oder an den Beinen. Häufige Abzeichen am Kopf sind Blesse, Milchmaul und Flocke.

flehmen Wittern von Gerüchen, dabei wird die Oberlippe hochgezogen

Fuchs Pferd mit bräunlichem Fell und braunem bis blondem Langhaar

Galopp Dreitakt, schnellste Gangart des Pferdes

Gebiss Stück des Zaumzeugs, das aus Leder, Metall oder Gummi besteht. Es wird dem Pferd oder Pony ins Maul geschoben. Der Reiter wirkt mit dem Gebiss auf Zunge, Maulwinkel und den zahnfreien Teil des Unterkiefers ein. Die häufigsten Gebisse sind Trensen und Kandaren.

Grundgangarten Schritt, Trab und Galopp

Halfter Zaum ohne Gebiss, der locker am Pferdekopf liegt. Man benutzt ein Halfter, um Pferde oder Ponys an der Hand zu führen oder anzubinden.

Hufschlag Wege am Rand der Reitbahn. Der erste Hufschlag ist der Pfad am äußeren Rand der Bahn, der zweite Hufschlag verläuft etwas weiter innen.

Hufschlagfigur Pfade auf der Reitbahn, z. B. Bahnwechseln, Schlangenlinien oder Zirkel

Jährling Ein einjähriges Pferd

Kaltblut Kaltblüter sind große, schwere und leistungsstarke Arbeitspferde und haben ein ruhiges Temperament. Bekannte Kaltblüter sind Ardenner, Shirehorse, Schwarzwälder Fuchs und Belgier.

Kandare Eine Form der Zäumung. Die Kandare wirkt stärker auf das Pferdemaul ein als die Trense, deshalb kann der Reiter feinere Hilfen mit ihr geben. Sie wird oft für die höhere Dressur eingesetzt.

Kardätsche Pferdebürste, die dem Fell Glanz verleiht

Kruppe Rücken des Pferdes zwischen Kreuz- und Schweifansatz

Langhaar Mähne, Schopf und Schweif des Pferdes

Parcours Abfolge von zehn bis fünfzehn Hindernissen bei einem Springwettbewerb

Pellets getrocknetes und gepresstes Pferdefutter aus Getreide und weiteren pflanzlichen Produkten

Pferderasse Nach Körperbau und Temperament wurden die Rassen in vier Hauptgruppen eingeteilt: Kaltblüter, Warmblüter, Vollblüter, Ponys und Kleinpferde.

Pony und Kleinpferd Die robusten und freundlichen kleinen Pferde sind alle kleiner als 147,3 Zentimeter Stockmaß. Bekannte Kleinpferde sind Haflinger und Camargue-Pferd, bekannte Ponys sind Shetlandponys, Dartmoor- und Islandponys.

Przewalski-Pferd Das einzige heute noch lebende Wildpferd. Typische Kennzeichen der Przewalski-Pferde sind das hellbraune Fell, die schwarze Färbung von Beinen, Mähne und Schweif, die Stehmähne und der Aalstrich auf dem Rücken.

Rangordnung In einer Herde festgelegte Anordnung: Der Leithengst führt die Herde an und nur er darf sich mit den Stuten seiner Herde paaren. Die Leitstute ist das ranghöchste weibliche Tier in der Herde. Diese Ordnung ist aber nicht starr, sondern kann sich immer wieder verändern. So wird der alte Leithengst von seinem Platz vertrieben, wenn ihn ein Junghengst in einem Kampf besiegt hat.

Rappe Pferd mit schwarzem Fell und schwarzem Langhaar

Robusthaltung Natürliche Pferdehaltung. Die Tiere sind das ganze Jahr über im Freien auf einer Weide mit ausreichend Futter und Wasser und einem Unterstand (Offenstall).

Schimmel Pferd mit hellgrau-weißem Fell und weißem Langhaar.

Schritt Viertakt. Das Pferd setzt mit jedem Fuß einzeln auf.

Spezialgangart Typisch bei Islandponys: Tölt (schnell gelaufener Schritt) und Passgang (Pferd setzt die Beine einer Seite gleichzeitig auf).

Stockmaß Die Höhe eines Pferdes am Widerrist, mit einer Messlatte gemessen.

Tarpan Wildpferd, das ausgestorben war und inzwischen rückgezüchtet worden ist.

Trab Zweitakt. Das Pferd berührt mit den diagonal laufenden Beinen den Boden (z. B. vorne links und hinten rechts).

Trense Eine Form der Zäumung. Die Trense hat in der Mitte ein Gelenk und ist im Pferdemaul beweglich. Sie ist vor allem für Reitanfänger gut geeignet, da die Einwirkung auf das Pferdemaul sehr „weich" ist.

Vollblut Vollblüter sind lebhafte, elegante und schnelle Pferde. Die wichtigsten Rassen sind das Arabische und das Englische Vollblut.

Warmblut Warmblüter sind lebhafte Pferde, die als Freizeit-, Dressur- und Springpferde eingesetzt werden. Bekannte Warmblüter sind Hannoveraner, Holsteiner, Lipizzaner und Trakehner.

Widerrist Der erhöhte vordere Teil des Rückens beim Pferd. Am Widerrist wird die Höhe des Pferdes gemessen.

Zaumzeug Geschirr aus Leder und Metall, das dem Pferd über den Kopf gezogen wird. Zum Zaumzeug gehören Kopfstück, Gebiss und Zügel.

Internetadressen

Alles über Pferde und Ponys:

http://www.welt-der-pferde.de/rassen.htm
http://www.reiterjugend.de
http://www.pferde-pferderassen.de
http://www.pferdetipps-fuer-kids.de
http://www.pferdeportal-online.de
http://www.pferderassen-verzeichnis.de
http://www.reiterwissen.de
http://www.fn-kids.de

Alles rund ums Reiten:

http://www.geo.de/GEOlino/natur/tiere/2309.html
http://www.kindernetz.de/infonetz/thema/reiten
http://www.kidsweb.at/Aktiv-Zeit/Sport/index.php?page=Reiten
http://www.reiterwissen.de/inhalte/freizeitreiten.shtml

Alles zum Reitabzeichen:

http://www.pferd-aktuell.de/FN-Kids/Pferdefibel/-.311/Pferdefibel.htm
http://www.berliner-reit-klub.de
http://www.reiten.de/test-Reitabzeichen/dt.asp

Reiterhöfe, Reiterferien & Co.:

http://www.hallo-pferd.de/reiten-reiterhoefe/
http://www.reiterhof-suchen.de
http://www.reiten.de/urlaubundfreizeit.html
http://www.hallo-pferd.de/f/reiterferien/

Die Inhalte aller Internetadressen in diesem Buch wurden mit größtmöglicher Sorgfalt ausgesucht. Die Inhalte der Seiten können aber jederzeit von den Anbietern geändert werden. Daher übernehmen wir trotz sorgfältiger Prüfung keine Haftung für die Richtigkeit, Vollständigkeit und Aktualität dieser Webseiten.

Alles rund um den Reitsport:

http://www.reiterwissen.de/inhalte/dressurreiten.shtml
http://www.dressageworld.de/dressurgeschichte/1/home.htm
http://www.springreiten-navigator.de
http://www.reiterwissen.de/inhalte/springreiten.shtml

Register

Bildnachweis

Foto:

Sabine Stuewer TIERFOTO: Umschlagvorderseite, Umschlagrückseite
 o. und M., Seite 3, 6, 7, 13 u., 15, 17, 20 o. und M., 22, 23 M., 24, 26,
 27, 32, 34, 35 o., 36 u., 37 u., 39 o., 42 o., 44, 45 u., 56 u., 57 o., 64,
 65, 73 u., 74 u., 81 o., 87, 88, 89, 90 M., 91

JUNIORS/Juniors Tierbildarchiv: Umschlagrückseite u., Seite 10, 11,
 13 o. und M., 16, 19, 20 u., 21, 23 o. und u., 25, 29, 33, 35 u., 36 o.,
 37 o., 39 u., 41 o. und M., 42 M., 43, 45 o., 47, 48, 49, 50 u., 51,
 54, 55, 57 u., 66, 68 u., 73 o., 74 o. und M., 75, 80, 81 M., 85 u., 90 o.

ARCHIV BOISELLE/Gabrielle Boiselle: Seite 4, 41 u., 59, 68 o.,
 70 M., 72

ARCHIV BOISELLE/Ulla Rafail: Seite 50 M., 61, 63, 84

ARCHIV BOISELLE/Marielle Andersson: Seite 70 u.

ARCHIV BOISELLE/Christiane Slawik: Seite 71

Wikipedia: Seite 56 (Trensen), 78

Christiane Slawik: Seite 85 o.

Edgar Schöpal: Seite 83 o., 86

Reinhard-Tierfoto: Seite 83 u.

Seite 86 o. (Reitabzeichen): Mit freundlicher Genehmigung des FNverlages
entnommen aus „Kleines Hufeisen – Steckenpferd – Großes Hufeisen –
Kombiniertes Hufeisen. So klappt die Prüfung", Herausgeber:
Deutsche Reiterliche Vereinigung (FN), Warendorf, 3. Auflage 2006.

Bibliografische Information der Deutschen Bibliothek

Die Deutsche Bibliothek verzeichnet diese Publikation in
der Deutschen Nationalbibliografie; detaillierte bibliografische
Angaben sind im Internet über **http://dnb.ddb.de** abrufbar.

4 3 2 1   11 10 09 08

© 2008 Ravensburger Buchverlag Otto Maier GmbH
Postfach 18 60 · D-88188 Ravensburg
Alle Rechte, auch die des auszugsweisen Nachdrucks, vorbehalten
Texte: Martina Gorgas (Sachtexte) und Insa Bauer (Geschichten)
Illustrationen: Milada Krautmann
Typografie und Satz: Bettina Micheli
Printed in Germany
ISBN: 978-3-473-55150-7

www.ravensburger.de